决战500万

——彩票中奖密钥

彩乐乐 编著

★ 两大禁忌：大脑不清时选号；心不静时选号。
★ 要在心如明镜时选号。

经济管理出版社
ECONOMY & MANAGEMENT PUBLISHING HOUSE

前 言

　　本书以历史开奖号码为依据，通过长期观察其规律和走势进行总结，凝结出一套选号技巧，以达到精准预测的目的。这就是编写此书的中心意义。

　　本书将2003年第001期至2016年第005期作为历史主线，通过规律和技巧，把笼统的选号方法转化为一种步骤，既简单方便，又有科学依据。

　　本书用实例验证彩票的预测方法与预测技巧，并详细讲解实战应用的特征。

　　本书所讲解的内容技巧以及预测，力求高概率、简单，特别是杀号和定号，要求实例实战，相信读者朋友们一定喜欢。

　　为了更优质地预测中奖率，阅读本书前，特重点声明：方法是高概率的，但是，切记不要混为一谈，必须注意先用该方法检验前5~10期的正确率，再进行使用。本书第三章为2003~2016年历史开奖实录，空白表格部分需依照开奖记录自行填写，方便以后查找。

　　七乐彩部分以历史开奖号码为依据，以杀号为主，看似杂乱无章，实则有章可循，希望彩民朋友认真分析本书中七乐彩的秘密。

　　对于中奖方面：本书有一条主线，并围绕这条主线展开研究、探寻，每一章节和下一章节都有联系，只要充分理解了书中讲到的内容，中奖就变得容易了，相反，只是片面地应用方法，会弄巧成拙。

　　慢慢发现，慢慢领悟，一步一步地做。本书是给那些想买彩票，并且有一定方法，却不知如何下手的人所写，把选号变成一种步骤，就可以轻松选号了。中不中奖，第一是方法，第二是运气。书中的方法+自己原有的方法，才是最好的方法。

中彩是一种概率，玩彩是一种乐趣。切勿痴迷！

彩乐乐

目 录

上篇 双色球

第一章 双色球重要术语解释 …………………………………… 003

第二章 号码分析解读 …………………………………………… 011
    第一节 小定律大道理 ………………………………………… 011
    第二节 揭秘双色球 …………………………………………… 013
    第三节 科学双色球 …………………………………………… 031

第三章 双色球历史开奖实录
    （2003 年 001 期~2016 年 005 期）………………………… 039

第四章 大底围红及杀号定胆 …………………………………… 103
    第一节 大底围红 ……………………………………………… 103
    第二节 红球瘦身大法 ………………………………………… 105
    第三节 蓝球瘦身大法 ………………………………………… 113
    第四节 定胆有绝招 …………………………………………… 123

第五章 旋转矩阵组号 …………………………………………… 139

第六章 双色球实战运用步骤 …………………………………… 143

下篇 七乐彩

第七章 七乐彩重要术语解释 ·········· 159

第八章 七乐彩同期历史开奖实录 ·········· 163

第九章 总结 ·········· 215

第十章 七乐彩杀号定胆方法集锦 ·········· 233

第十一章 读图法则与彩票法则 ·········· 241

第十二章 彩票中的境界 ·········· 249

附 录 ·········· 251

参考文献 ·········· 253

后 记 ·········· 255

| 上篇 |

双 色 球

红球平稳　蓝球精准
　　中奖不再难

第一章　双色球重要术语解释

懂术语，方可称专业。业内人说内行话。

术语是指各门学科中的专门用语，用来正确标记生产技术、科学、艺术、社会生活等各个专门领域中的事物、现象、特性、关系和过程的专门用语。

为了帮助大家理清思路，更好地由浅入深地了解和掌握本书的要点，本书把有关术语汇总于此。只有了解和掌握这些术语，才能称得上是一个真正的双色球初级爱好者。

（1）重叠码：也叫重复号和遗传号，与上期开出的中奖号码相同的号码。

（2）边码：也叫邻号，与上期开出的中奖号码加减余1的号码。

（3）斜连码：与历期中奖号码构成斜连形状的号码，斜连码必须由三期以上的各1个号码构成。

（4）对望码：上下数期直观上呈现一定的规律（等量、递减、递增、倍增、倍减）出现的号码。

（5）三角码：走势图上3个号码呈现三角形形状的号码。

（6）弧形码：走势图上呈现有序的几何图形的号码。

（7）空门码：与历期尤其近5期中奖号码没有任何联系的号码。

（8）关系码：指与历期尤其是最近5期的中奖号码有联系的号码，一般重叠码、边码、斜连码、三角码、对望码、弧形码均归入关系码行列。

（9）连号：即相连号，中奖号码按顺序相连。如15选5"中五连四"即要求有4个按顺序相连的号码。

（10）同位码：也叫同尾球，是指一组中奖号码中尾数相同的号码，如11、

21、31是同位码，05、15、25也是同位码，一般每组中奖号码里都有1~2对同位码。

（11）个位数：按不重复计算中奖号码中个位数出现的次数。如中奖号码为01、15、21、22、26、27，则个位数为5个。

（12）总值：各个中奖号码数值之和。

（13）均数：指各个中奖号码的平均值。

（14）极差：也称全距，指基本中奖号码中最大的号码和最小的号码之间的差。

（15）遗漏：指开奖号码中没有出现的号码。

（16）热号：指近期尤其在近10期内出现频繁、表现活跃的号码。

（17）冷号：刚好与热号表现相反，出现频率比较低甚至没有出现的号码。

（18）区间：指把所有备选号码分成若干个小组。如15选5可分为01、05、06、10、11、15几个区间。

（19）跳号：隔期出现的号码。

（20）胆码：在某期中极易开出的号码，如果你买多注彩票就用其作为固定号码再配以其他号码作为一注。

（21）AC值：算术复杂性。是指一组号码组合中任意两个数字的不同正数差值的总数减去"选出数-1"的值。如"M选N"玩法中，N就是"选出数"。如："双色球"开奖号码04、07、11、19、23、26，AC值的计算方法。例：04、07、11、19、23、26，"选出数"为6，将这6个号码相减：[07-04=3]、[11-04=7]、[19-04=15]、[23-04=19]、[26-04=22]、[11-07=4]、[19-07=12]……如此类推，一共得出15个差值，当差值相同时只取一组，在这组数字中有9个不同差值。根据AC值的方程式，AC值为9-（6-1）=4，AC值是判断所选号码是否符合理论，如选择一组号码，通过AC值分析这组号码是否有开出的可能。所以，AC值在不同的"M选N"玩法中有不同的理论范围。经过大量的研究，笔者发现双色球AC值理论范围在3~15。如选取一组号码：02、03、04、05、06、07，这组号码只出现5个不同差值，它的AC值为5-（6-1）=0，AC小于3，不合理论值的这组号码可以大胆撇除。由于出号是随机的，AC值只是一个理论参考值，只能配合和值、全距、奇偶比等参数使其合理化。不过，AC值能使我们购买彩票时减少盲目性，提高投资的准确性！

（22）上边界属性：用一个指定的长度或百分比值来设置元素的上边界。百分比值参考上级元素的宽度。允许使用负值边际。（下边界同）

（23）大号、小号：把待选号码中数值较大的号码称作大号，而数值较小的号码称作小号。一般来说，大号、小号各占待选号码的一半，小号为01、02、03……14、15、16，大号17、18……32、33。

（24）单双、奇偶：号码值为奇数的号码称为单，值为偶数的号码称为双。单双与奇偶是叫法不同的相同概念。

（25）号码段：彩民在分析开奖号码时，通常把号码划分为几组，每组也称为段，如把号码分成大号和小号两组，或是分成单号码和双号码两组，甚至是划分成不规则的几组，如双色球，可以分成以下号码段：

第一段：01 02 03 04 05 06

第二段：07 08 09 10 11 12

第三段：13 14 15 16 17 18

第四段：19 20 21 22 23 24

第五段：25 26 27 28 29 30

第六段：31 32 33

第一段：01 02 03 04 05 06 07 08 09 10 11

第二段：12 13 14 15 16 17 18 19 20 21 22

第三段：23 24 25 26 27 28 29 30 31 32 33

甚至还可以把同一号码划分在几个段号，号码段如何划分视彩民分析需要而定。

（26）热门号码、冷门号码：在一段时期内中奖次数较多，或说是摇奖时摇出次数较多的号码称作热门号码；反之，在某段时期内中奖次数较少的号码称作冷门号码。热门号码与冷门号码是相对于不同分析期数范围而言，某个号码在某段时期可能是非常热门的号码，而在另一段时期内可能是极冷的号码，彩民在分析彩票时应注意把握每个号码的冷热变化。

（27）开奖位置：直接地可以把X个开奖号码看成是从第1位到第X位排列，如果彩民按摇奖时摇出的号码顺序来研究彩票，可以把第1个摇出的号码看成第 1 个位置（即基号 1），第 2 个摇出的号码看成第 2 个位置（即基号 2），依此类推。但就乐透型彩票而言，更多的彩民研究的是号码本身，而不在于其摇出的顺序，所以可以把开奖号码按从小到大排列（特别号除外），最小的看作第 1 位（即第 1 位），第 2 小的看作第 2 位（即基号 2）；依此类推，这样某个号码在第 1 位出现的次数可以看作是作为最小号码出现的次数，某个号码在第 2 位出现的次数可以看作是作为第 2 小号码出现的次数。

(28) 相生、相克：若干个号码一起出现，称之为相生；反之，如果某几个号码从未一起出现过称为相克。研究相生与相克的目的在于研究彩票号码中哪些号码会经常一起出现，哪些号码不会一起出现。

(29) 公仔：如果把号码看成由个位数及十位数组成，那么个位与十位相同的号码称为公仔号码，如 11、22、33 等。

(30) 换位：如果把号码看成由个位数及十位两位数组成，那么个位数与十位数对换的两个号码称为一组换位码，如 12、21。另外，把两个号码中的某个号码旋转 360 度后与另一个号码个位与十位形成对换的，也统称为换位码，如 06、09。

(31) 相关系数：研究的是两个号码过去一段时期内一起出现的概率。相关系数定义如下：相关系数 = a、b 同时出现次数或期数/(a 出现次数或期数 + b 出现次数或期数) × 2 × 100；相关总值是一组号码中任意两个号码相关系数之和，相关系数跟分析的范围有关，即使是相同两个号码在不同分析范围内得出的相关系数不同，同样相关总值也是如此。

(32) 积分：某个号码出现（或说中奖）的次数。

(33) 高概率号码、低概率号码、理论概率号码：高概率号码指在指定分析范围内中奖次数较多的号码，低概率号码指在指定分析范围内中奖次数较少的号码，理论概率号码是结合高低概率及每个号码出现的情况计算的一种相对概率，因为高概率号码不一定是下期最有可能出现的号码，低概率号码也不一定是下期最不可能出现的号码，理论概率在一定程度上反映了下期最有可能开出的号码。

(34) 合分值、个位分值：把某一注号码中的每个号码值加起来的总和，称作合分值，通常统称为分值，如乐透型彩票某注号码为 01、09、12、17、24、33，则合分值为 96，个位分值是某注号码中每个号码的个位（不考虑十位）值之和，如上面提到这注号码的个位分值为 1+9+2+7+4+3=26。

(35) 奇偶比：指某注号码中奇数号码个数与偶数号码个数之比，或称单双比例。如乐透型彩票某注号码为 01、09、12、17、24、33，则奇偶比为 4∶2。

(36) 个位、相同个位（同尾）：个位，即只拿开奖号码的个位数考虑，考虑出现哪些个位数，如乐透型彩票某注号码为 01、09、12、17、24、33，出现的个位为 1、9、2、7、4、3。相同个位指某注号码中如果有两个或两个以上号码的个位数相同，则这个个位数被称为相同个位。

(37) 高尾码：尾数为 5~9 的号码称为高尾号码。例：15、16、26、28 等。

(38) 低尾码：尾数为 0~4 的号码称为低尾号码。例：01、11、13、24 等。

(39) 黄金分割：黄金分割是数学上的一个概念，它提出的黄金分割点可以看作是最理想的分割点，分割点为 0.618，彩民们可以不必追究黄金分割点的具体含义，但大量的统计表明，黄金分割点确实是许多情况下的最佳分割点。彩民们在使用彩票神投手时，只要分析每种黄金分割推荐选号的准确程度即可。黄金分割法俗称优先法或 0.618 法。黄金分割点有 0.618、0.382、0.236，在双色球选择号码时，具体步骤有：①把 6 个红球相加，得到总和又称和值；②用和值除以 6，得到 6 球的平均值；③用平均值分别乘以 0.618、0.382、0.236，得到三个数值；④把这三个数值分别±1，总共是 9 个号码，在这 9 个号码中一般会出现 2 个左右的奖号。

(40) 除 3、除 5、除 7：除 3、除 5、除 7 分析的目的在于考虑某种余数组成号码组出现情况，如除 3 分析可以把号码分成余数为 0、余数为 1、余数为 2 的三个号码组，除 5 分析可以把号码分成余数为 0、余数为 1、余数为 2、余数为 3、余数为 4 的五个号码组，分析时要着重考虑每一期每组出现的号码个数。

(41) 遗漏、重复（叠码）：遗漏意为不出现，即所有可选号码中某期没有出现的号码称为遗漏号码。重复号码是某期相对于上期而言重复出现的号码，也称为叠码。一个号码遗漏了 X 次，说明这个号码已有 X 期没有出现了。

(42) 连码、连码组数：连码，即号码值大小相连的号码；连码个数即构成连码的号码个数，如 01、02，连码个数为 2 个即 2 连码；如 01、02、03，连码个数为 3 个即 3 连码；连码组数即一注号码中构成连码的组数，如某注号码 01、02、03、12、17、18，连码组数为 2 组，即 01、02、03 为一组，17、18 为一组。

（43）跟随号码：跟随号码是相对于上期号码而言，当前期开出的号码都为上期号码的跟随号码，如上期开奖号码为01、02、03、12、17、18，当前期开奖号码为01、03、15、18、28、32，则可以说号码01、03、15、18、28、32跟随上期号码01出现，号码01、03、15、18、28、32跟随上期号码02出现。

（44）邻近号码（斜位码）：相对于上期号码而言，比上期某个号码值小1或大1的号码称为邻近号码（斜位码）。如上期出现号码09，则号码08、10分别为上期号码09的左邻近码（左斜位码）和右邻近码（右斜位码）。

（45）平均值：总码数的平均数。例：某一组开奖号码为01、02、03、04、05、06、07，则该组号码的总码数为4（28/7=4）。

（46）孤码：既不是叠码，又不是左斜码及右斜码的号码，如上期开奖号码为01、03、08、14、15、22，当前期开奖号码为02、03、07、14、18、22，号码02既是左斜码又是右斜码，号码03是叠码，号码07是左斜码，号码14是左斜码及叠码，号码22是叠码，剩下号码18是孤码。

（47）叠码（重复码）：相对于上期号码而言，与上期开奖号码相同的号码称为叠码。

（48）左斜码：相对于上期号码而言，比上期某个开奖号码值小1的号码。

（49）右斜码：相对于上期号码而言，比上期某个开奖号码值大1的号码。

（50）升序号码、降序号码：依次递增的号码称为升序号码，依次递减的号码称为降序号码，升序号码如1、2、3、4，降序号码如4、3、2、1。

（51）必选号码（胆码）：一般是指每注号码中一定要选择的号码。

（52）心水码：指彩民自认为最有可能开出的号码。

（53）号码间距：指两个号码之间的差值，如号码01、05的间距为4。

（54）首尾间距：指最小号码与最大号码的差值。如开奖号码为03、07、08、15、24、29，则该注的首尾间距为03与29的差值26。

（55）最大间距：指所有的相邻两位号码的间距值中的最大值。如开奖号码为03、07、08、15、24、29，则该注的最大间距为9，由24-15产生。

（56）数据密度：指一注号码的合分值与间距总和的比值，即合分值/间距总和。

（57）间距密度：指一注号码的间距总和与最大间距的比值，即间距总和/最大间距。

（58）质数：除了能被1和它本身整除外，再不能被其他自然数整除的自然数，1除外。

（59）关系码：原理应该说概括了中奖号码中号码多种情况，因而中奖号码里没有关系码出现几乎不可能，而且关系码旺出，并且占据双色球游戏红区中奖号码中的3~6个号码是常有的事。按照我们划分的重叠码、边码、斜连码、对望码、三角码、弧形码、黄金码、缘分码、叠连码、连叠码等为关系码，每期中奖号码中必定出现关系码。

（60）对称码：以34为基本数，相互对称的两个号之和为34，例如10的对称码是24，18的对称码是16。

每章归纳

本章主要讲解了双色球中的名词术语，重在理解，并不需要死记硬背。新彩民要着手于双色球，务必从此开始。至于老彩民，也不可以丢掉这些关键性的知识。

第二章　号码分析解读

第一节　小定律大道理

定律一：双色球奇偶比大多数为 4∶2 或 3∶3

解析：根据对双色球奇偶比走势图的观察发现，双色球奇偶比为 4∶2 和 3∶3。我们可以观察前五期的奇偶比来推算本期的奇偶比，这样可以减少投注资金，并提高中奖率，如表 2-1 所示。

表 2-1　奇偶比

期　号	开奖号码	奇偶比
15097	09 12 14 20 26 27	2∶4
15098	06 09 13 26 27 33	4∶2
15099	06 07 10 11 14 22	2∶4
15100	02 03 11 17 19 21	5∶1
15101	08 16 22 24 28 29	1∶5

预测 15102 期奇偶比 4∶2 或 3∶3。首先是 3∶3 概率更高一些。因为 4∶2 一期开出，3∶3 未开出，出现的概率就很高了。其次是 4∶2 概率高一些。因为

对称性原理。15102期奇偶比4∶2，预测正确。

例如：

2015142期　13 17 19 20 22 25　奇偶比4∶2

2015143期　13 15 19 20 21 32　奇偶比4∶2

2015148期　09 13 14 22 26 27　奇偶比3∶3

2015149期　09 10 20 21 22 33　奇偶比3∶3

定律二：和值以120为轴线做正弦曲线振荡

注意：上期是小和值，本期要关注比较大的和值，反过来也一样，如表2-2所示。

表2-2　和值

期号	开奖号码	和值
15097	09 12 14 20 26 27	108
15098	06 09 13 26 27 33	114
15099	06 07 10 11 14 22	70
15100	02 03 11 17 19 21	73
15101	08 16 22 24 28 29	127

15099期与15101期和值最为贴切。

定律三：一区有规律的断档

如果近一段时间号码比较平稳，要适当采取断档选号，缩小选号范围，提高中奖率。

定律四：蓝球号码具有平行四边形法则

定义：连续四期蓝球号码不定时会构成一个完整的平行四边形，这一现象称为平行四边形法则。

定律五：本期的蓝球号码大多数在上期红球号码周边

注意：说蓝球号码大多数在上期红球号码周围，并不是紧挨着红球，而是有时有一二个号码，有时和红球一致（见表2-3）。

表 2-3　红蓝球

期　号	红　球	蓝　球
15097	09 12 14 20 26 27	04
15098	06 09 13 26 27 33	01
15099	06 07 10 11 14 22	09
15100	02 03 11 17 19 21	08
15101	08 16 22 24 28 29	05

小节归纳

本小节虽然简短，但是尤为重要，是选号组号的重要依据。

第二节　揭秘双色球

一、红球揭秘

我们不可能将33个红球都作为预选号码，但太少的预选号码又会影响预测效果。从实际情况看，备选号码多出1个，无论使用旋转矩阵或是复式投注，都会相应增加不少投入，建议将所选的号码分成数组，然后再使用旋转矩阵或复式投注，以此化解风险，减少投注量。

经测算，8~20个备选号码应具备相同的号码个数为：

复式投注 8 9 10 11 12 13 14 15 16

相同号码 4 4 5 5 6 6 7 7 8

旋转矩阵 9 10 11 12 15 16 18 20

相同号码 4 4 5 5 5 6 6 6

在上述相同号码中，应该是你认为最容易出现的号码，实际上是我们俗称的"胆码"。当每一组号码有这些"胆码"后，由于"拖"出的号码较多，较容易将中奖号码提升到 5 个以上，但关键是要选好相同的号码。

另外，编组时抛弃"强求齐而全"的做法，有所不为才能有所为。

无论编成多少组备选号码，号码中都应有重叠码、斜连码、边码、连码、同位码、对望码和空门码，尤其是重叠码、对望码、连码、同位码，几乎每期中奖号码都有出现，是不可或缺的，所以我们也应顺应号码出现的现象进行组号。

二、红球隔期给号

各位彩民在翻看开奖号码分布图的时候，通常会注意到，许多奖号都是在近期出现过的，按 10 期为一个标准周期的话，有些号码多则出现六七次，少则出现一两次。在每期摇奖后，产生的冷号，大多数情况下会出现 1~2 个，甚至还会形成空缺，而其他正选数字都是在 10 期以内曾经出过的号码，这些号码就是温号和热号。

红球奖号除了经常出现与上期相同的遗传号码外，肯定还会出现一些隔 1 期至 10 期给出过的号码，这种现象，我们称为隔期给号。

三、频率值、遗漏值与冷热号

（一）频率值

在数字型彩票中，频率值是待选号码的出现次数。各个奖号的频率值随着摇奖结果不断增加，从整体看，频率值进行一种波浪式的向上运动，称为频率值的周期变化。数值最大的是最高频率值，最小的是最低频率值。中心频率值 =（最高频率值 + 最低频率值）/ 2，中心频率值的奖号个数应该是频率值号码里最多的个数。数字的频率值具有较强的阶段特征。

频率值的曲线运动：最高频率值号码开出→拉动最低频率值号码出号→带动低频率值号码连动→低位频率值整体跟进→推动高频率值号码继续上行。

（二）遗漏值

在乐透与数字型彩票中，遗漏值是一个特别重要的分析参数，是许多分析方法的理论依据，所反映的不仅是表面现象，更关键的是发展的方向，这正是使用遗漏值和分析遗漏值的根本。

遗漏值的分析，主要指标有单一号码的遗漏值、部分号码的遗漏值、平均遗漏值、遗漏值振幅、遗漏值数字特征等。

（三）冷热号

所有数字彩票中，总有一些奖号会在一个时期里频繁出现，而有些数字选择"停滞"少则几期，多则数十期以至于百期不会开出。我们习惯把10期内出现过4次及以上的号码称为热号，10期内不曾出现的数字称为冷号。热号不会持续升温，冷号也不会长期"停滞"，它们给出与变化有一定的规律，这种规律称为"阶段性特征"。

四、热号为主温号为辅

利用冷热号，我们可以对原始投注进行缩水，从而在不降低中奖率的前提下，最大限度地减少资金投入。虽然说"追热不追冷"是比较流行的方法，但是有谁是靠这种单一方法赢得大奖的呢？追根溯源，是因为热号数量较多，且间隔不定，往往使人顾此失彼。双色球历史上，23曾经在126~130期连出，有多少朋友对这一热号能连追5期呢？

此外，也有人采用"守株待兔"方法下注冷号，理由是冷号到一定时间就会出现。不错，冷号尤其是一些较长时间未出现的冷号，在数期内是一定会开出的。对此，很多有经验的朋友包号投注，结果往往却是一些冷号出现的间隔期数太长太长，造成巨大的资金压力，也吞噬掉了耐心。

其实，冷热搭配才是对待号码冷热属性的最佳方法。"强号恒强，弱号恒弱"

的规律，依然是在选号时不可放弃的原则。但要注意的是，每期开出的奖号不可能全是前期热出的号码，所以还应特别留意冷号的出现，因为任何一个前期的冷号不可能永远成为冷号，它只不过是某个期段中的偏冷之号，很可能在下个期段中，冷热号就会进行转换！前期冷号很可能成为未来几期中的热号，前期相对较热的号码也有可能在今后几期中走冷。因此，在选号时应选择少量的温号及冷号作为选号时的候补备选号码；最佳的号码组合应该是遵循热号为主、温号为辅、冷号为佐的原则。

总的来说，要利用号码的冷热性，通过统计分析一些数据，如热号历史冷热轨迹、冷号的最大平均周期等确定号码冷、热、温转换的具体临界点或者临界段，是利用冷热性选号时最有效、最直接的方法。千万记住，最佳的号码组合应该是热号为主、温号为辅、冷号为佐！

五、红球简要分析

（1）从区间出号和缺号判断：双色球红球按11个号码为一个区划分后，通常每区出号2~3个，当然，有时会有三连码等阶段性循环开出。

（2）看大小、单双码：以双色球红球通常开出的大小比、单双比为"3∶3""4∶2"和"2∶4"，有助于将选号范围缩小，提高准确率；蓝区号码，也可以按照单双、大小判断。

（3）从关系码和非关系码入手：在双色球红区中奖号码中，关系码出现高达3~5个，比例在60%~85%，所以通过重叠码、边码、对望码、三角码、斜连码、弧形码等关系码的确定，有助于具体号码的组合。

（4）冷热温码法：所有的号码都可以分为冷热温码，通过冷热温码的区分和出现比例的判定，有助于加强关系码和非关系码的确定，更加准确地判断号码。

（5）逆反号码法：在上述4项判断的基础上，可以以逆反思维再挑选另外一组号码进行组合投注，或者也挑选1~2个不可能出现的号码列到其中，防备意料之外的号码出现。

六、红球号码跟随性

上期开出的某个奖号和下两期的某个奖号是有联系的，就是说号码具有跟随性。

（1）01号码出后，下期易出03、06、09号码。而且下期除了考虑它的同尾数以外，也特别喜欢带出05号球。一般来讲，01出号以后，05下期紧随其后出号，有时也在下两期出号。

（2）02常与A区余1或0的数组合出现：02、04，01、02，02、06，02、07，02、03，02、10；下期C区易出单数或不出号码。

（3）03号码出后，下期B区易出余数为0的数：12、15、18、21。

（4）04号码出后，下期A区易出除3余数为2的数：05、08、11；B区易出除3余数为0的数：12、15、18、21或除3余数为2的数：14、17、20；C区易出除3余数为2的数：23、26、29、32。

（5）05常与20或16、12、14、11组合出现，一般直接重复或间隔1~2期重复。而且下期除了带出同尾号球外，08号球也特别喜欢跟随其后开出。形成05-08右下斜的走势，或经常在02-05-08隔一或隔二右下斜。如果02和05号球同时开出，那么，下两期08号球出现的概率极高。

（6）06常与尾数为7的数同时出现：06、07，06、17，06、27；还有与14同时出现。

（7）07号码出后，下期易出8尾的号码：08、18、28或9尾的09、19、29，而且除了带出同尾号球和08右斜号球外，也极其喜欢带出10或11号球出号。在前段下两期喜欢带出10号球，后段下两期则带出11号球，那么下期的同尾球17号和27号要牢牢捕捉住，切不要放过。

（8）08号码出后，一般直接重复或间隔1~2期重复。下期易出尾数为3或6的数：03、13、23、33，06、16、26。而且所带出的同尾号球28号比18号多一半以上。其左斜号07号球顺势而出，经常07、08互动出号，相互呼应。如果其左斜号07号球在下三期内没有开出，那么，7尾号球进入冷阶段，后面至多只考虑一个7尾号。

（9）09 出号后，下期易出 11 这个号码。还有易出 1 尾的：01、11、21、31 或 3 尾的：03、13、23、33。

（10）10 号码出后，下期易出 10、30、20、16 这几个号码。而且除考虑同尾外，还应考虑 17 号球。形成 10、17 下斜出号，则表示 A 区（01~16 为 A 区）出号比 B 区（17~33 为 B 区）出号更处劣势，或相持阶段，所以，应着重于 B 区选号。

（11）11 爱跟 C 区的 27、30、32 组合出现。下期易出 1 尾的：01、11、21、31 或 3 尾的：03、13、23、33。而且需要多考虑同尾号球，特别是 31 号球。当 11 号球热出时，第八区（把 33 个号分成八区间，前 01~07 各为 4 个号，第八区间 29~33 共 5 个号）出号形成不间断区间，应着重关注。

（12）12 号出后，下期 B 区易出 13、14、15、16、17、18、19 这几个号码。

（13）13 号码出后，下期易出 16、19、31、25 这几个号码。

（14）14 常与 27 同时出现，下期 B 区必出一个余数为 0 的数：12、15、18、21，常出尾数为 0、2、6 的数。

（15）15 号码出后，下期 B 区易出 13，C 区必出一个余数为 1 的数：25、28、31。

（16）16 号码出后，下期易出 02、04、12、14、18、22 这几个号码。

（17）17 号码出后，下期易出 03 号码，A 区关注 03、06、08、10、11、14 这几个号码。而且除了带出同尾外，也喜欢带出斜号 16 号或 18 号与中后区（20、21、22），特别是 20 号和 21 号，同时出号或单独出号，形成同期奖号的隔二、隔四现象。

（18）18 出号后，下期易出 3 尾的：03、13、23、33 或 6 尾的：06、16、26。

（19）19 出号后，下期易出 06、16、26、29 这几个号码。根据近 20 期走势，只要判断 9 尾出号，同尾球 09 号球完全可以首选。形成 09~19 出号模式。

（20）20 出号后，下期 B 区易出余数为 0 的数：12、15、18、21，还极易直接重复。而且要多加考虑尾号球的中出。20 号球的出现，则表示 A 区出号要在近期内比 B 区强。选 A 区号少则 4 个多则 5 个。

利用这个特点，一看见 20 出号，选号就要侧重于 A 区（01~16）的选号。一般下两期 14 号球准时开出。如果 20 号球开出后，下两期内开出了 13 号球，而没有开出 14 号，一连 20 号球出了几次都是如此，要注意 14 号球已经走冷，但是休眠期达到 10 期左右，14 号球即将预热出，只要 20 号球再出，下两期或下三期就要盯住 14 号球，因为它要猛然开出了。

(21) 21 出号后，下期易出 3 尾的：03、13、23、33 或 6 尾的：06、16、26。

(22) 22 出号后，下期易出 16、27，下期极易出尾数为 0 的数：10、20、30，尾数为 3 的数：03、13、23、33，尾数为 6、7 的数：06、16、17、27。

(23) 23 出号后，下期易出 1 尾的：01、11、21、31 或 4 尾的：04、14、24。

(24) 24 出号后，下期易出 1 尾的：01、11、21、31 或 0 尾的：10、20、30。

(25) 25 出号后，下期易出 0 尾的：10、20、30 或 7 尾的：07、17、27。有时紧随下期带出同尾号码 05 号球，或形成 28-25-28 的出号形式。

(26) 26 出号后，下期易出 6 尾的：06、16、26。

(27) 27 出号后，下期易出 03、13、23、33 这几个号码。

(28) 28 出号后，下期易出 6 尾的：06、16、26 或 3 尾的：03、13、23、33。而且 25 号球在下两期内会强势出号，形成 25-28-25 循环出号，或 31-28-25 等间隔左下斜走势。如果 25 号球变成冷号，28 号出来后，最后的大数 32 号和 33 号球会开出。

(29) 凤尾为 29 时，下期必出 1 尾的：01、11、21、31 或 5 尾的：05、15、25。

(30) 30 出号后，下期常出 31、13、33。

(31) 31 出号后，下期易出 6 尾的：06、16、26 或 4 尾的：04、14、24。而且除多考虑同尾外，还极其喜欢带出 28 号球，特别是形成 31-28 左下斜走势，如果 31-28 左下斜，并且 31 号球走热，第一区间（把 33 个号码平均三等分，第一区间 01-11 号球）在它出号后，其区间出号个数最多两个。

(32) 32 出号后，下期 C 区必出一个余数为 2 的数：26、23、29、32，A 区必出一个余数为 2 的数：11、08，B 区易出双数：12、16、18、14、20、22。

(33) 33 出号后，下期 C 区易出一个余数为 2 的数：26、32、29，或重复 33。

七、排斥号码的规律表现

所谓"双色球"号码之间具有相互排斥性，是指2个或2个以上号码间互相排斥，这些号码不可能一起出现。从号码走势图可以发现，彩票号码之间的相互排斥是客观存在的。有的号码相互排斥是暂时的，也就是说，这些号码的相互排斥只会持续5~10期，如某段时间双色球红区号码中的4和18、3和28，常常不同时出现；有的号码相互排斥是长期的，从第一期开始就互相排斥，偶尔重合一下又立即天各一方，如号码2和11、1和33等。

研究"双色球"号码之间的相互排斥极其重要，比如你买一注6个号码，但其中有两个号码是相互排斥的，这两个号码绝对不会一起出现，那么，你只要将这两个号码分开，买两注单式6个号码就可以了。7个号码、8个号码等原理也是如此，以此类推。由于每个号码每一期都可以找到4~6个相互排斥的号码，如果不通过相互排斥的原理组合号码，买的号码越多，其中绝对不会出现的组合就越多。

用"双色球"号码之间的相互排斥将这些号码分开，可以少花很多钱。最重要的是，利用彩票号码之间的相互排斥规律可以把全部号码分得清清楚楚，避开组合上的盲点。如果组合正确的话，也许只需要10多个互相吸引的号码就可以选中可能开出头奖的组合。

排斥码如下：

01排斥04、19　02排斥28、05　03排斥10、09　04排斥31、12
05排斥33、16　06排斥09、04　07排斥09、22　08排斥19、09
09排斥29、06　10排斥27、31　11排斥10、24　12排斥04、17
13排斥17、21　14排斥19、10　15排斥28、24　16排斥05、24
17排斥12、22　18排斥19、33　19排斥14、08　20排斥27、05
21排斥33、04　22排斥17、19　23排斥25、29　24排斥31、33
25排斥23、24　26排斥11、17　27排斥10、20　28排斥02、15
29排斥09、19　30排斥05、09　31排斥04、24　32排斥10、08
33排斥21、05

八、10种投注方法

（1）运用排除法来选号码。将01~33个号码出现率排列出来，排除那些出现率比较低的号码，排除号码的依据是新旧号码出现的比例，如果是旧号（五期以内的开奖号码）出现率占比例大的，那么超过5期的号码就可以有选择地排除。

（2）运用连码来选号。彩民先看30期连码走势图，然后观察哪些号码是关联性比较强的号码。比如你认为18出号机会大，那么不妨考虑18的连码17、18或16、18。连码出现的概率是80%左右，由于它常见所以选号时首选连码。

（3）运用重复码选号。重复码是指连续弹出的号码。其中二重码、三重码出现的概率相对较高。在双色球的选号中千万不要忽略重复码。如果彩民把握住了重复号码的出现规律和出现比例，那么离中奖就近了！

（4）运用热冷码搭配来选号。热码是出现频率频繁的号码，而冷码是出现频率比较低的号码。由于开奖号码不可能全部是热码或者全部是冷码，在选号过程中，最好将热码和冷码有机结合起来。可考虑3个热码搭配3个冷码，或选4个热码搭配2个冷码的组合。

（5）运用数学计算法来选号码。依据概率学原理，将双色球红球33个红球以往出现的频率计算出来，并把出现的次数除以期数，即求得这些号码每期出现的概率。比如09在10期摇奖中出现了2次，用2除以10得出0.2乘以100%，即09号出现的概率是20%，并依照它的热冷程度决定取舍。

（6）守号法。选几组固定的心水号码来重复投注。有不少彩民就是用这种守株待兔的守号方法中得大奖的。

（7）运用逆向思维来选号。当你选好心水号码之后，就再选一注你认为不可能出的号码，说不定会有意想不到的收获。

（8）调整法。彩民经常有选17出16、选18出19的遭遇。所以当你选出心水号码后，不妨用调整法再选一注。调整法就是对所选的号码前后加一或减一。如17改为16、18改为19等，但注意同尾数号码的搭配。

（9）重点出击。经过几种方法论证某个号码是出现率非常大的时候，那么你选定它为胆码来胆拖；或者认为可能出现若干号码的基础上，用复式投注或旋转矩阵来投注。

（10）幸运法。机选，或者用生日号码和其他你认为有感觉的号码来投注。如果运气好的话，大奖就这样幸运地诞生了。

九、8种购彩思路

（1）选号不必刻意苛求。彩票开奖号码的"趋势"对任何人来说都不可能是明晰的，你非神仙，又怎可能获得十分明了的选号感觉。感性一点、马虎一点吧，从大气而模糊中不经意地闯出一些"灵感"来，如大胆选择断档，选择多数字连号，单选大数或小数、全奇或全偶等。

（2）选号理念不可太正统。与其开奖之后眼见号码出乎意料而大叹"奇怪"，不如投注时自己"怪招"先行。出怪招，选怪号，很多人会这么说却未必这么做，选到最后还是搞起了平衡主义，不敢痛下决心抛弃"最合理"的号码组合。要想怪招取胜，每次选号时请这样告诫自己：坚决不选那个应该会弹出的号码。

（3）重视过去未中奖的彩票。那些在当时连一个号码也没有中的彩票不是废纸而是财宝。既然自己当时买的彩票一个号码也没有中，表明所选号码与开奖趋势相差太远，在一段时间内难以有所作为。但如果当它能与最近一期开奖号码吻合两个以上时，请"捡"起它，机会来了。

（4）检验两种误差。一是检验期与期之间开奖号码之间的误差，如号码大小的误差（也有人称为偏态）、奇偶的误差、区间的误差等，这些误差显示号码弹出的大致轨迹。二是将自己过去一段时间以来未中奖的彩票号码列出来，逐一与当时各期开奖号码核对，看看当时所选号码与开奖号码存在哪些误差，误差有多大，如检查区间、尾数、奇偶数、大小数等是否选对。

（5）重用不被你看好的号码。再大的投注也不可能全包所有号码，所以，无论如何都会有号码必须放弃。哪些号码该放弃，哪些号码该留用，两难选择之时一定要"举贤避亲"，即与其放弃不被看好的号码，不如放弃最被自己看好的号码。

（6）反常思维对待开奖趋势。对于上一期开奖号码的冷热、大小、奇偶等趋势，要么完全跟进，要么完全逆反，最不可取的是跟一部分趋势又不跟一部分趋势。打破选号平衡的常规思维，上期全是大热号码，要么大热倒灶，要么大热续热。

（7）坚持"守株待兔"。"守"有"死守"与"活守"之分。"死守"守的是几注固定的号码，"活守"守的是某种实用的选号方法。如果你并不刻意追求500万元大奖，坚守的号码可以"怪一点"，但一定要吻合彩票的特性，全选奇数或偶数就是一个不错的方法。

（8）重视偶然产生的号码。偶然情况可遇不可求，一旦遇到，不可放弃，如不拒绝销售人员因故打错了的号码，可接受他人钱不够却已打印出来的号码等。生活中各种各样的大小失误无处不在，玩彩同样如此，无心之误本就是一种偶然，一种随机，它是另一种形式的"摇奖"，专奖坦然面对和接受它的人。

十、选定重号的重要标准

选定重号有个重要标准：理论上每期平均出的重号数 $0.18 \times 6 = 1.08$ 个。观看双色球走势图，可以发现重号平均每期1个。11期统计，重号最多17个，最少6个，平均12个。每期出2个以上的占1/4左右，出3个的占1/20左右，出0个的占1/4左右，出1个的占1/2左右。平均有6个重复号，就有一个竖连3；平均有6个竖连3，就有一个竖连4。

实际应用中，首先判断下期出几个重号，这里不但要看0遗漏在整个遗漏里的走势，还要看每期原始记录的变化，其次是重号的11期统计了。这里包括11期的数量及与平均值的差，相邻两期数量的差及这个差的升降步数。还有一点需要注意的是每期相同竖隔数的变化。如果上期没有相同的竖隔数，下期要考虑补上。出现相同的竖隔数，首先应考虑重号。

根据以上分析判断下期重号的数量，然后再根据其他条件，从上期奖号里把重号选出来。其他条件，主要包括区间和中奖次数，还有奇偶及路数等。当然应分清主次，进行综合考虑。

十一、首尾定全局

双色球红球奖号从小到大依次排列,将第一位中奖号码称为首号,将第六位中奖号码称为尾号,此两号之和为首尾和。

如何通过首尾号的分析,缩小红球选号的范围?

第一步:推断当期首尾和。

(1)我们知道最小首尾和是7,最大首尾和是61。也就是说,首尾和的最小字头是0,最大字头是6,便可将首尾和按十进制分6段:7~10;11~20;21~30;31~40;41~50;51~61。查看首尾和可知,首尾和的字头0、1、5、6出现的概率很小,属于偏态。而首尾和的3字头出现的概率很高。因此,我们可以根据某一字头历史上最多连续出现的次数判断下期首尾和的字头。

(2)首尾和7~61共55个数值,和值34处于和值中心位置,称为首尾和均线。我们利用首尾和在均线上下摆动的特点,推断当期首尾和的大小。

(3)利用首尾和的尾数推断下期的首尾和大小。首尾和7~61按尾数0~9分为十类,也是一种较为有效的可参考指标,通过尾数的奇偶、大小的出现规律进一步推断。

第二步:利用首尾和推断当期首号和尾号。

(1)推断当期是否有断区。假如当期我们推断的首尾和是38,如果推断第一区间出现断区,最小的首号就是09,尾号就是38-09=29,初步缩小投注范围。

(2)当期的奖号"掐头去尾"后,我们需要锁定中间4个奖号。一般情况下,同一期奖号中开出1~2个冷号比较正常,同一期开出4个以上冷号的概率比较小。如果推断的首号和尾号含有冷号,根据奖号遗漏次数淘汰中间奖号的另一部分冷号。

十二、双色球三字经

掺,即掺进日常生活中的幸运数字。有的彩民比较喜欢某些数字,比如自己的生日、房间号、工号等。在投注机显示出机选号码后,你可以把其中不看好的号码去掉，而加进自己的这些幸运号码，这样在你拿到彩票后会感到很满足，因为彩票里既蕴含了中奖的希望，也包含了自己的生活信心。

删，即多选几注进行选择，删除某些自以为不可能出现的号码。如果你想单式投注，那不妨让机器多模拟出几注号码，把符合自己要求的那些号码留下组成新的投注号码打印出来。这样的选择能加深你对号码的认识程度，时间长了会对你的号码抉择灵感闪现有帮助。

粘，即把一些自己比较看好的关联码"粘贴"到机选号码中，组成复式投注。有的彩民习惯把上期摇奖号码作为参考坐标，觉得本期中奖号码可能有上期的某些关联号码，像连码、对望码，等等。那么，在机器选出号码后，你可以把自己中意的关联码粘贴到机选号码中。常采用这种机选方式进行投注，对你整体把握号码规律很有帮助，有助于提升选号技巧，提高投注准确率。

十三、十种蓝球揭秘

通过综合运用多种选号技巧筛选"双色球"蓝球，发现蓝球确有规律可循。这多种选号技巧有独创的，也有大家常用的，但是根据"双色球"历期开奖号码，以详细数据阐明了如何精确运用这些方法。运用本方法，选号不需要复杂运算，可以像查字典一样简单快速，而且有相当高的准确率。特别提示，"快乐星期天"第二次开出的蓝球号码因其产生的特殊性，并未进行统计。

（一）大小分类

蓝球 16 个号码中 1~8 为小号，9~16 为大号。

号码特点：

（1）大号最多连续出五期；小号最多连续出 4 期。

（2）大号最多间隔出现 4 单次后出多次，小号最多间隔出现 7 单次后出多次。

（3）大小大小……连续单次跳跃 5 期后逆转出重复。

（二）奇偶分类

16 个号码奇偶数正好相等。

(1) 奇数最多连续出 6 期；偶数最多连续出 5 期。

(2) 奇数最多间隔出 3 单次后出多次；偶数最多间隔出 6 单次后出多次。

(3) 奇偶奇偶……连续单次跳跃 3 期后逆转重复。

(三) 区间分类

16 个号码按四区间等分为 01~04、05~08、09~12、13~16。

(1) 各区间最多连续出 3 期。

(2) 一区间和四区间最多出间隔 6 单次后出多次；二区间和三区间最多间隔出 12 单次后出多次。

(3) 一、二、三、一区间……连续单次跳跃 15 期后逆转重复。

(四) 除 3 余数分类

除 3 余 0 的号码包括 3、6、9、12、15；

除 3 余 1 的号码包括 1、4、7、10、13、16；

除 3 余 2 的号码包括 2、5、8、11、14。

(1) 除 3 余 0 最多连续出 3 期；除 3 余 1 最多连续出 6 期；除 3 余 2 最多连续出 5 期。

(2) 除 3 余 0 和除 3 余 1 最多间隔出现 6 单次后出多次；除 3 余 2 最多间隔出现 5 单次后出多次。

(3) 除 3 余 0、1、0、2……最多连续单次跳跃 10 期后逆转重复（一般情况仅连续跳跃 4~5 期）。

(五) 除 4 余数分类

除 4 余 0 的号码包括 4、8、12、16；

除 4 余 1 的号码包括 1、5、9、13；

除 4 余 2 的号码包括 2、6、10、14；

除 4 余 3 的号码包括 3、7、11、15。

(1) 除 4 比各类别最多连续出 3 期。

(2) 除 4 余 0 最多间隔出现 4 单次后出多次；除 4 余 1 为 3 单次；除 4 余 2

为 7 单次；除 4 余 3 为 6 单次。

(3) 除 4 余 0、2、4、2……最多连续单次跳跃 8 期后逆转重复。

（六）质数统计

质数包括 1、2、3、5、7、11、13；非质数包括 4、6、8、9、10、12、14、15、16。

(1) 质数最多连续出 4 期；非质数最多连续出 6 期。

(2) 质数最多间隔出 7 单次后出多次；非质数最多间隔出 3 单次后出多次。

(3) 质数、非质数、质数……连续单次跳跃最多 5 期后逆转重复。

（七）遗漏

以本期为基础，向前一期称为遗漏 0，向前两期称为遗漏 1，向前三期称为遗漏 2，依此类推。

(1) 遗漏 10 以下的热号码最多连续出 4 期；遗漏 10~20 的号码最多连续出 4 期；遗漏 20 以上的冷号码最多连续出 3 期。

(2) 遗漏 0、1、2 为最常见，最多 12 期不出现就应该选择这三个号码。

(3) 开奖蓝球一般都是冷、热号码交替，不能一味追捧长期未出的冷门号码。

（八）上期蓝球与本期蓝球关系

假设上期蓝球为 07，本期为 06 则此栏统计为 –1；本期为 07 则此栏统计为相同，本期为 12 则此栏统计为 +5。

(1) 上期蓝球与本期蓝球最多连续加 5 期，但一般仅连续加 2 期；最多连续减 3 期。

(2) 上期与本期关系加和减都是间隔出 11 单次后出多次。

(3) 上期与本期关系加、减、相同、减……连续单次跳跃 10 期后逆转重复。

（九）上期红球尾数与本期蓝球尾数关系

统计出本期蓝球尾数是否在上期红球尾数中出现过。

(1) 上期红球尾数包含本期蓝球尾数最多连续出 6 期；不包含最多连续出

4 期。

(2) 包含最多间隔 4 单次后出多次；不包含最多间隔 3 单次后出多次。

(3) 包含、不包含、包含……连续单次跳跃最多 3 期后逆转重复。

（十）本期期号尾数与本期蓝球关系

假设 15143 期、15153 期、15163 期开奖号码分别为 13、10、08，期号尾数都是 3，则分别统计为相同、-3、+5。

(1) 本期尾数与蓝球关系最多连续加 3 期；最多连续减 7 期。

(2) "加"最多间隔 10 单次后出多次；"减"最多间隔 3 单次后出多次。

(3) "加""减""相同"最多连续单次跳跃 8 期后逆转。

尾数驱码：

凡是上期出 1 尾，下期则不出：06 10；

凡是上期出 2 尾，下期则不出：03 07 08 09；

凡是上期出 3 尾，下期则不出：03；

凡是上期出 4 尾，下期则不出：05 07 09；

如一旦确定偶数，就在 2、4、6、8、10、12、14、16 中进行再判断。从某种意义上讲，经验具有一定的作用。

蓝号是 16 选 1，概率相对小些，可是也不简单。您买的时间长了，积累的经验多了，自然掌握的方法就多了。

十四、综合揭秘

（一）精准选定 6 加 1

(1) 首先精选 6 红。

1) 先选重号，也就是极热号码。一般每期都有 1~2 个重号。斟酌哪个号码可能重复落下，然后确定下来。

2) 选温号。3~6 期未落号码。

3) 搏冷。冷号到了一定时期必然要落下，可根据自己的经验选择可能的冷号确定自己的投注码。不过,其中运气成分很大。

4)组合。这 33 个经自己过滤筛选后的红码,最终要选出 6 红确定进行投注。

(2)再选 1 蓝。

1)首先判断奇偶号码。

2)如一旦确定偶数,就在 2、4、6、8、10、12、14、16 中进行再判断。从某种意义上讲,经验具有一定的作用。

3)极端买法,买很热的蓝号或干脆搏冷都是方法的一种。简言之,买彩票没有定规。中奖是硬道理。

4)蓝号是 16 选 1,概率相对小些,可是也不简单。买的时间长了,积累的经验多了,自然掌握的方法就多了。

(二)单注投注中奖技巧

随着大家对双色球的认识越来越深,很多好的办法也会出现,为此,今天笔者就给大家好好介绍一下单注投注之"拣号法",这个是目前很多买双色球的彩民在判断时都会用到的技巧,可以提高中奖的概率,同时又能增加购买彩票的乐趣。这个方法主要分为五个步骤。

第一步:剔除历史号码。对红区最近五期号码进行统计,凡出现过的号码予以剔除,将剩余 20 个左右红球作为本次投注的被选号码。

第二步:圈定重点号区。对上述 20 个红球进行走势图分析,看哪个区间存在较大断层,把该区间作为重点号区,一般在 6 个红球中选择 3 个,且要在该区间选择一个边缘码。也就是我们经常说到的遗漏号码层分析,具体可以分析蓝红球的遗漏号码和遗漏期数。

第三步:跟踪上期号码。余下的 3 个红球选择要以上期号码为参照,找到重复码或旺码,并将此码作为坐标,采用加减关系,确定 1~2 个红球。这样我们已经确定了 4~5 个红球。

第四步:必须选择大号。在 28~33 号码间一定要选择 1 个,如果在上述三步中已经选择了大号,如号码 31,那么,对还未确定的 1~2 个红球我们可以在中间区域选择,如在 14~18 间进行选择。

第五步:蓝号把握区间。对蓝号的选择应该相对简单,因为我们从统计中可以发现，蓝码重复最近五期的可能性很小，所以我们基本可以在 10 个号码中选择 1 个。还要把握一点，蓝码出号的分布形状是蛇行排列，即上期如果在小号区（1~5）间出现，那么，本期摇奖号码肯定不会在该区间停留，向中号区（7~10）偏移的可能性很大，向大号区（11~16）跳跃的倾向也存在。

十五、妙招

法宝一：小复式

在投注双色球的过程中，无论把 33 个红色球号码怎样划分区间，总会有某个区间不出号。如果在选号时，可以把不出号的区间排除在选号范围之外，就会大大缩小选号的范围，增加中奖的机会。

如把最近 50 期的 33 个红色号码球按 8、8、8、9 的形式划分为 4 个区间，并对其中的断号区间进行统计：出现了其中一区区间断号占有 90%，即 45 期，而没有出现区间断号期数有 5 期，占 10%。这种现象意味着中奖号码在区间分布上具有不均衡的特点。我们不妨采取排除断号区间选号的方法，将主要精力放在确定的 3 个号码密布段上，集中力量攻克 3 个号码段。具体选号时可注意以下几点：

（1）注意分析中奖号码在区间上的分布，准确选定重点出号区间。可以说，中奖号码走势图是把握断号区间的最主要图表之一。从中奖号码走势图上我们可以看出号码的整体分布，从而找到号码的跃出规律。一般来说，断号区间主要是通过对号码的短期分布和中期分布进行分析获得的。号码的短期分布指最近 5~10 期中奖号码的分布情况，它用于判断各号码属性当前的状态；号码的中期分布是指近 50 期左右中奖号码的走势情况，可根据分析所得的结果推测它们下一阶段可能的状态，然后根据这种判断进行区间断号的把握和号码的选择。

（2）重点关注上期中奖号码中热码较多的区间。当某个区间的热码频繁出现时，往往该区间的出号态势不会马上变冷，一般会再持续 2~4 期。因此，我们不妨在此区间内多选上几个号码。

（3）当某个区间极热而且号码异常密集达到 4 期或 4 期以上期数时，该区间下期很有可能产生断号，也即旺数周期的衰退现象。

（4）在非断号区间选号时要重点把握连码和重叠码。我们在分析号码中期分布时注意到，有连码出现的期数约占有总期数的 80%，并且不时会出现三连码、四连码，所以在选号时一定要选取连码；同时，重叠码现象也比较突出，并且一期号码中经常出现 1~3 个重叠码，因此在选号时，可从上期号码中选取 1~3 个重叠码进行投注。

复式投注一直是技术型彩民的制胜法宝，也是众多大奖得主的心得，这其中当属小复式中得大奖者最为高明，既体现了智慧，又减少了投入，当是"四两拨千斤"的经典法宝。

法宝二：坚持

坚持其实是购买彩票的一种基本素质，但说起来容易做起来难，真正能长年坚持下来的人实在是少之又少。人们常用"守株待兔"形容这种法宝，其实真正守得住的人必定有好的结果。

法宝三：合作

大家共同谋取大奖是一个不错的想法。可以综合百家的结果，凝结成备战号码组合。

小节归纳

本小节略显冗长，有些朋友可能会看不下去，在此勾勒出重点内容，方便读者。红球号码跟随性、排斥号码的规律表现、选定重号的重要标准、首尾定全局，这几项内容视为重点。

第三节　科学双色球

不只是双色球，各个彩种都有科学依据，而且大同小异，不外乎数学、概率学和统计学。

一、红球选号法

（1）区间选号法：双色球红球区域共有33个备选号码，若将其平均划分成5个区间，每期出号小区仅有4个左右，另两个小区不出号，这样一来，5个区间必定会有1~2个出现断区的现象，然后对其进行排除可缩小选号范围。

（2）大小、单双选号法：同样，观察历史双色球红球大小、单双的出号比例，其中以3∶3、4∶2和2∶4的大小、单双码比例为多，利用此方法可以排除偏态现象，也可以有助于将选号范围缩小，提高准确度。

（3）关系码和非关系码选号法：在双色球红区中奖号码中，关系码出现高达3~5个，比例在60%~85%，所以通过重叠码、边码、对望码、三角码、斜连码、弧形码等关系码的确定，将有助于具体号码的组合。

（4）连同隔码选号法：双色球出现连码和同位码的现象还是很常见的，选号时注意观察其中连码、同位码可能出现的情况，然后观察间隔码的出号规律，综合考虑横向和纵向号码的出号情况来筛选号码。

（5）冷热温码选号法：号码出号总会有冷热温之分，通过号码冷热程度的判断，可以有效地选择出心水号码，将会有助于加强关系码和非关系等号码的确定，从而提高号码的准确性。

二、恒值选号用法

将双色球红球01~33按中轴17进行左右均分，那么与17等距的两个号码之和都为34，由于每两个号码组合的和都是相同的34，所以我们称其为"恒值号"，如：最小号01与最大号33之和为34，最近距离的16与18之和也为34，依此类推，在33个红球中可组成16组这样的数字组合，分别为01、33，02、32，03、31，04、30，05、29，06、28，07、27，08、26，09、25，10、24，11、23，12、22，13、21，14、20，15、19，16、18。

恒值号这个参数指标用作筛选号码较为实用，在实战中应注意以下几点：

（1）定胆后要考虑恒值号出现：历史奖号中，出现一组以上恒值号占到60%以上，所以在选定某个红球号码时一定要注意相对应的恒值号，如定13为下期胆码，则应同时考虑它对应的恒值号21。

（2）恒值号易重复：恒值号中一个往往会在下期重复，而另一个则陷入冷态，成为二选一的绝佳时机，而下一期的恒值号应重点选别的恒值号组合。

（3）恒值号出现最多的12、22，15、19，16、18以及01、33，02、32和05、29，有较大的缘分。当这些恒值号出现时，下期红球奖号较为分散，不易出现断区。

（4）两组恒值号：一般在上一次开出两组恒值号后，可间隔11期左右预防两组恒值号的再次出现。

当然，在16组不同的恒值号组合中，彩票、双色球历史开出的频度有较大的差别，可按双色球历史开奖号码走势图逐次列出进行分析、比对，从这种走势入手进行红球的判断选择。

上述方法都很实用，也很科学。下面我们以学术性进行分析。

双色球中奖的终极秘诀其实就是运用科学选号，运用数学、概率学、统计学，可大大提高中奖。彩票选号就是一种数学概率的产生发展和延续，我们只有统计数学概率，完成这一项精妙的工程，才有希望中大奖。每一次的选号都像一次精准度高的实验，把数学、概率学和统计学相结合，我们才可以将实验作成功。

数学的定义：研究数量、结构、变化、空间以及信息等概念的一门学科，从某种角度看属于形式科学的一种。借用《数学简史》的话，数学就是研究集合上各种结构（关系）的科学，可见，数学是一门抽象的学科，而严谨的过程是数学抽象的关键。数学在人类历史发展和社会生活中发挥着不可替代的作用，也是学习和研究现代科学技术必不可少的基本工具。

概率学的定义：自然界和社会上所观察到的现象分为确定现象与随机现象。概率学是数学的一个分支，它研究随机现象的数量规律。一方面，它有自己独特的概念和方法；另一方面，它与其他数学分支又有紧密的联系，它是现代数学的重要组成部分。概率学的广泛应用几乎遍及所有的科学技术领域，例如，天气预报、地震预报、产品的抽样调查；工农业生产和国民经济的各个部门，在通信工程中可用以提高信号的抗干扰性、分辨率等。

统计学的定义：通过搜索、整理、分析、描述数据等手段，以达到推断所测对象的本质，甚至预测对象未来的一门综合性科学。其中用到了大量的数学及其他学科的专业知识，它的使用范围几乎覆盖了社会科学和自然科学的所有领域。

三、双色球中的数学

运用数学方法计算双色球，其实就是运用加减乘除或者公式来运算，目的在于定胆或是杀号。我们可以以实例作为验证。

利用公式：（上期红球和值（分别）－每一个红球）/每一个红球＝取整数尾

例：2015 年 15112 期开奖号码为 01、03、10、19、20、27。

算法演示：预测 15113 期。

上期红球总和：$01+03+10+19+20+27=80$

分别减去每一个红球并除以每一个红球：

(80－01)/01＝79

(80－03)/03＝25

(80－10)/10＝7

(80－19)/19＝3

(80－20)/20＝3

(80－27)/27＝1

预测 15113 期胆尾：1、3、5、7、9。

15113 期开奖号码：01、05、07、08、19、27。

预测正确 01、05、07、19、27 五个号码。

利用公式：第一位红球＋第二位红球＝杀号

例：2015 年 15112 期开奖号码为 01、03、10、19、20、27。

（第一位红球）01＋（第二位红球）03＝04

15113 期开奖号码：01、05、07、08、19、27，杀号正确。

这就是数学规律。绝杀号码内容后面还要系统地讲解。

四、双色球中的概率学

通过概率学我们可以知道中奖概率。双色球中一等奖的概率是 1/17721088，二等奖的概率是 1/1181405。是不是有些没自信了呢？其实概率学不仅可以让我们知道中奖的概率，在选号当中也占有一席之地。

双色球具有不可预测性，它是物理随机数，既然是随机现象，就属于概率学范畴。但是概率学不能单一应用，必须结合数学和统计学，"三管齐下"。

五、双色球中的统计学

统计学既然是搜索、整理和分析数据的，那么，在双色球中举足轻重。我们首先需要绘制双色球号码统计图（见图 2-1），然后分析冷热号和出球概率。

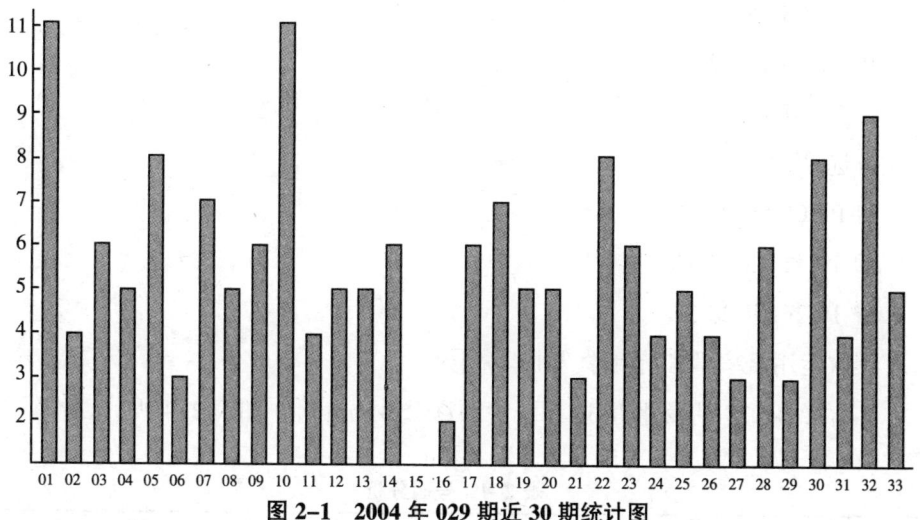

图 2-1　2004 年 029 期近 30 期统计图

六、数学、概率学、统计学综合选号法（基本过程）

为了方便观察，我们以 2004029 期为例。

2004029 期开奖号码：09、13、20、22、24、32，蓝：05。

33个数字：

01 02 03 04 05 06

07 08 09 10 11 12

13 14 15 16 17 18

19 20 21 22 23 24

25 26 27 28 29 30

31 32 33

首先运用数学杀号定胆。

杀号：

03 04 12 14 18 20

21 22 23 24 25 29

30 31 33

定胆：

02 32 08 28 05 15

10 11 16 17 19 06

13 26 07 27

备选号：

01 02 05 06 07 08

09 10 11 13 15 16

17 19 26 27 28 32

其次运用概率学和统计学选出概率号码。

结合2004029期及相近30期统计图逐个号码分析，如表2-4所示。

表2-4 号码分析

备选号码	号码属性分析	选号与否
01	热号	选
02	冷号	不选
05	温号	选
06	冷号	不选
07	温号	选
08	冷号	选

续表

备选号码	号码属性分析	选号与否
09	冷号	不选
10	热号	选
11	冷号	不选
13	冷号	选
15	极冷号	不选
16	极冷号	不选
17	冷号	选
19	冷号	选
26	冷号	选
27	冷号	不选
28	冷号	选
32	热号	选

剩余号码：01、05、07、08、10、13、17、19、26、28、32。

2004030期开奖号码：01、07、09、17、26、31。

正确号码：01、07、17、26。

蓝球也可以借用此法。

七、科学断区法

利用最近3期的奖号杀号，可以考虑重复号个数，在上期开出的6个号码中排除号码。隔1期号码大多数情况下为1个，通过确定1个隔期号，可以把隔1期号码中剩余的5个号杀掉。同样道理，对间隔两期的号码，也可以排除3~4个。

断区在双色球开奖中是一种比较常见的现象，尤其是按照17定盘中位，左右均分两区，形成1~8、9~16、18~25、26~33这四个区间的时候，断区更容易发生。

利用质数余数杀号，双色球质数有11个，一般情况下，质数会开出1~3个。每期可以考虑4个质数，把剩余的7个当作排除号。双色球可以均分成11个余0、余1、余2的号码，在每一期或某一个阶段的开奖中，这三类号码总会有冷热的区分，在某个余数的号码热出时可以追，在某个余数的号码冷落时可以大胆排除。

空行空列杀号，双色球杀红可以将号码分为6行6列，只要判断哪一行或哪一列出现空缺，便可以转33选6为27选6，然后结合历史行列伴侣出号的习惯及近期的开奖情况进行再次分析。在实战中发现2行2列、2行1列或2列1行、3行2列或3列2行，出现空缺的概率极高，掌握最佳切入点。

小节归纳

本小节主要讲解了双色球中的科学性，重点在于红球选号法、恒值选号法、科学断区法以及基本数学、概率学、统计学原理。

每章归纳

本章节主要讲解了号码分析以及技巧和投注策略。

第三章 双色球历史开奖实录
(2003年001期~2016年005期)

每一期的开奖号码,大多数是从历史同期中产生的,以下为2003年001期至2016年005期的开奖号码历史,同时留有大量空白表格(见表3-1),方便读者朋友们查找。

表3-1 开奖号码历史

期号	开奖号码(红球)	开奖号码(蓝球)
2003/001	10 11 12 13 26 28	11
002	04 09 19 20 21 26	12
003	01 07 10 23 28 32	16
004	04 06 07 10 13 25	03
005	04 06 15 17 30 31	16
006	01 03 10 21 26 27	06
007	01 09 19 21 23 26	07
008	05 08 09 14 17 23	08
009	05 09 18 20 22 30	09
010	01 02 08 13 17 24	13
011	04 05 11 12 30 32	15
012	02 12 16 17 27 30	12
013	08 13 17 21 23 32	12
014	03 05 07 08 21 31	02
015	04 11 19 25 26 32	13
016	11 17 28 30 31 33	06
017	05 08 18 23 25 31	06
018	05 16 19 20 25 28	13
019	04 08 12 13 16 33	09
020	07 10 25 26 27 32	04

续表

期号	开奖号码（红球）	开奖号码（蓝球）
021	14 15 18 25 26 30	01
022	02 07 11 12 14 32	08
023	01 10 20 22 26 31	02
024	02 07 15 17 22 30	14
025	01 05 11 13 14 27	12
026	08 13 15 26 29 31	16
027	01 11 14 17 27 28	15
028	06 13 16 20 28 32	07
029	02 07 15 26 29 32	10
030	02 06 13 14 23 27	07
031	11 17 20 22 28 32	01
032	04 11 25 27 29 30	13
033	01 07 14 20 27 30	10
034	08 13 14 16 23 25	14
035	03 04 05 08 10 11	08
036	07 21 24 25 27 28	15
037	09 14 17 18 26 32	07
038	05 07 08 24 25 27	16
039	03 05 23 24 27 32	03
040	04 05 06 12 14 23	16
041	02 03 17 18 24 25	11
042	03 05 07 10 15 20	07
043	02 08 10 19 20 32	13
044	02 05 09 16 32 33	15
045	03 07 14 15 17 32	03
046	07 08 10 11 17 26	11
047	03 17 26 28 32 33	16
048	10 12 20 28 30 31	09
049	03 06 07 13 24 25	15
050	02 08 17 23 24 26	13
051	04 13 15 17 24 27	01
052	01 12 13 23 30 31	11
053	15 19 20 21 28 29	13
054	02 05 09 21 31 33	12
055	06 13 16 21 28 31	16
056	08 17 21 26 28 29	07
057	18 19 24 25 30 31	16

续表

期号	开奖号码（红球）	开奖号码（蓝球）
058	09 11 16 28 32 33	02
059	02 03 05 06 18 30	04
060	02 04 06 17 21 28	11
061	03 05 20 21 28 32	02
062	01 06 12 19 20 32	14
063	05 08 09 14 21 33	11
064	04 06 08 12 15 30	01
065	06 15 16 17 30 33	11
066	03 07 08 20 24 32	14
067	05 11 12 13 27 31	10
068	09 19 25 27 32 33	11
069	07 11 16 19 26 28	11
070	01 02 04 17 18 19	08
071	09 11 12 14 15 33	11
072	03 06 08 11 19 27	11
073	02 12 14 21 23 30	13
074	02 12 19 22 27 32	01
075	16 17 19 22 31 33	11
076	01 13 16 18 20 29	02
077	04 12 16 22 24 25	06
078	07 12 23 26 29 30	11
079	12 15 22 23 26 31	04
080	09 20 24 25 28 30	10
081	01 02 14 26 29 30	07
082	07 17 18 19 30 31	14
083	01 03 14 18 26 28	01
084	02 06 07 10 17 33	03
085	01 04 11 12 19 27	14
086	05 12 16 18 26 30	13
087	02 03 04 05 24 28	13
088	03 10 21 22 24 33	12
089	18 19 21 26 27 33	16
2004/001	01 02 03 07 10 25	07
002	10 12 18 22 30 31	11
003	03 05 06 17 26 33	08
004	10 19 22 23 25 29	09
005	09 11 13 16 17 18	07

续表

期号	开奖号码（红球）	开奖号码（蓝球）
006	04 12 18 20 23 32	06
007	04 12 17 20 25 28	09
008	01 07 10 22 32 33	13
009	01 09 10 16 22 24	11
010	06 07 08 13 14 19	15
011	01 04 13 23 28 30	03
012	01 07 27 30 31 33	08
013	12 14 21 29 30 32	13
014	03 07 11 17 20 26	12
015	01 03 05 18 22 23	13
016	04 07 08 28 30 32	05
017	05 12 14 15 25 31	09
018	02 05 06 08 28 30	06
019	05 10 11 23 24 32	04
020	01 02 09 22 28 31	04
021	05 09 11 17 26 27	10
022	03 10 14 19 20 30	06
023	01 08 14 17 19 30	03
024	01 13 21 23 25 32	06
025	07 08 10 24 29 33	04
026	04 10 14 18 28 32	15
027	01 05 09 10 18 32	11
028	01 02 03 05 10 22	12
029	09 13 20 22 24 32	05
030	01 07 09 17 26 31	05
031	03 06 19 20 21 24	11
032	02 05 08 11 15 31	13
033	01 04 08 09 19 20	01
034	02 07 13 20 27 30	14
035	02 08 26 27 30 32	16
036	02 13 17 18 26 30	01
037	03 04 11 17 20 26	05
038	11 16 17 25 28 29	07
039	10 16 18 25 26 29	03
040	07 17 19 20 21 29	11
041	08 10 17 22 25 29	14
042	06 10 13 17 18 21	02

第三章　双色球历史开奖实录

续表

期号	开奖号码（红球）	开奖号码（蓝球）
043	04 09 10 21 22 24	10
044	02 06 07 12 31 32	05
045	01 12 18 26 27 28	13
046	07 15 16 22 23 32	14
047	01 07 08 11 27 31	06
048	08 09 11 16 17 29	09
049	11 12 14 16 25 29	09
050	06 07 19 21 25 29	02
051	02 03 09 10 15 29	11
052	01 12 14 15 17 29	09
053	02 03 04 09 24 25	02
054	09 11 14 16 27 28	11
055	06 08 19 25 29 32	07
056	01 20 21 25 29 30	02
057	05 21 23 25 28 32	04
058	01 08 11 12 27 31	12
059	04 07 11 19 23 26	10
060	03 05 11 24 27 28	15
061	13 16 19 20 23 33	09
062	01 12 25 27 28 29	13
063	07 10 13 16 27 28	07
064	14 15 18 20 27 31	04
065	13 14 27 29 32 33	08
066	05 13 20 23 24 25	03
067	01 06 07 13 16 32	04
068	02 08 11 13 24 31	15
069	02 11 15 20 22 29	05
070	10 12 21 22 30 33	06
071	03 08 16 17 21 29	06
072	08 15 18 28 30 33	14
073	02 07 13 16 23 28	16
074	05 06 15 19 26 29	13
075	07 18 21 26 27 28	07
076	03 05 13 17 25 31	07
077	08 09 10 14 16 26	07
078	04 05 10 21 24 26	05
079	07 13 14 17 19 30	03

续表

期号	开奖号码（红球）	开奖号码（蓝球）
080	03 08 20 23 24 26	16
081	03 05 21 24 27 32	06
082	03 20 24 27 29 30	15
083	14 16 27 28 30 33	06
084	01 04 08 11 21 25	14
085	03 08 11 29 30 32	01
086	10 13 18 19 25 27	01
087	01 03 07 08 25 26	14
088	02 10 19 22 24 32	14
089	14 17 20 25 28 30	14
090	01 18 20 24 32 33	12
091	09 13 14 21 30 33	01
092	01 04 08 13 28 31	02
093	11 14 20 27 32 33	05
094	05 09 10 13 24 25	08
095	19 22 27 28 30 32	01
096	01 04 12 16 20 30	15
097	10 19 20 26 29 31	14
098	03 12 13 25 26 31	03
099	05 10 21 22 26 33	02
100	06 08 09 14 24 33	15
101	02 09 14 19 25 26	15
102	03 09 12 15 28 32	01
103	02 03 05 09 16 21	02
104	07 11 17 18 24 29	05
105	07 09 10 21 23 30	12
106	10 15 23 26 28 29	12
107	01 08 12 13 18 20	07
108	08 13 14 27 28 31	12
109	06 08 10 17 30 31	14
110	14 19 20 21 22 31	11
111	11 16 18 20 26 31	02
112	09 13 15 21 26 33	06
113	08 10 23 25 31 32	07
114	01 06 09 17 21 22	01
115	02 16 20 30 31 33	01
116	01 03 05 08 14 33	03

续表

期号	开奖号码（红球）	开奖号码（蓝球）
117	01 03 07 14 24 25	07
118	03 04 07 12 30 31	15
119	06 09 18 20 25 33	06
120	07 08 18 21 27 32	10
121	07 13 16 18 30 32	10
122	03 11 14 22 24 31	15
2005/001	01 07 08 23 27 28	14
002	06 09 20 26 28 33	14
003	09 12 15 19 22 31	16
004	01 04 08 09 22 23	03
005	05 09 20 26 28 33	15
006	02 04 05 15 21 31	16
007	07 15 17 20 23 33	15
008	11 19 22 27 32 33	11
009	02 17 22 27 29 31	14
010	08 10 11 18 25 26	01
011	09 11 13 15 22 30	15
012	02 03 06 16 22 31	05
013	07 08 16 19 20 24	06
014	13 19 21 23 30 32	05
015	04 08 09 16 17 29	15
016	01 05 06 12 16 30	15
017	02 06 10 25 27 31	03
018	01 03 06 22 23 25	06
019	06 11 12 13 19 22	08
020	14 16 19 20 25 29	05
021	02 06 24 26 30 31	16
022	08 10 12 21 32 33	04
023	10 15 19 20 21 25	12
024	05 09 14 27 31 32	13
025	01 07 10 11 13 32	07
026	06 12 14 20 25 26	07
027	01 03 04 06 21 32	15
028	04 09 22 25 26 32	10
029	02 14 21 22 27 30	14
030	01 05 09 14 22 28	05
031	04 10 16 20 23 32	07

续表

期号	开奖号码（红球）	开奖号码（蓝球）
032	05 15 19 20 25 29	03
033	07 08 12 14 19 20	07
034	05 17 18 25 28 32	09
035	12 16 21 28 29 30	14
036	12 19 20 21 26 31	15
037	07 12 14 22 24 32	16
038	04 07 11 20 27 28	16
039	02 16 18 19 21 29	09
040	01 12 21 24 30 32	13
041	02 11 16 23 24 29	03
042	11 16 21 26 27 30	15
043	04 05 06 07 08 32	05
044	01 06 16 17 18 22	09
045	01 07 10 15 18 20	10
046	09 16 18 20 22 24	05
047	02 03 05 07 08 27	15
048	06 07 08 10 16 28	02
049	02 03 08 10 25 27	12
050	02 09 12 20 26 32	13
051	03 06 14 19 20 21	02
052	01 02 14 17 30 32	01
053	04 07 10 14 27 29	09
054	05 13 17 18 21 29	14
055	05 20 22 30 32 33	09
056	12 17 19 27 29 31	09
057	05 06 10 15 30 31	13
058	04 06 10 21 25 26	10
059	07 11 14 18 24 29	07
060	09 12 21 25 31 33	13
061	05 09 14 21 23 24	01
062	02 07 11 12 20 23	07
063	02 11 13 18 22 30	04
064	10 18 23 27 30 32	08
065	12 16 17 21 22 23	16
066	02 04 10 11 25 28	05
067	03 12 16 20 21 26	16
068	01 08 10 13 25 33	13

续表

期号	开奖号码（红球）	开奖号码（蓝球）
069	07 09 21 24 31 33	12
070	03 04 08 14 16 26	04
071	04 08 12 14 16 22	10
072	06 10 19 20 24 33	11
073	01 06 08 09 18 20	01
074	06 09 18 20 26 29	09
075	11 13 14 16 18 31	14
076	04 09 11 22 25 28	13
077	08 17 22 24 32 33	16
078	03 11 15 20 26 32	11
079	03 09 20 24 25 28	05
080	01 12 14 26 27 32	16
081	02 04 10 12 26 30	03
082	01 07 11 14 19 20	12
083	03 05 09 14 16 30	13
084	01 02 07 15 19 20	03
085	08 09 13 14 20 22	12
086	07 11 12 24 27 29	12
087	08 09 15 16 23 26	08
088	01 03 07 18 20 24	07
089	05 19 20 23 26 31	12
090	01 09 21 25 29 32	03
091	01 11 12 15 26 27	13
092	08 13 19 26 28 31	10
093	04 06 17 23 25 29	14
094	03 05 09 23 27 33	03
095	09 12 18 21 28 29	05
096	04 05 17 18 26 33	04
097	05 10 23 27 28 30	15
098	12 15 19 22 31 33	01
099	10 13 16 22 24 31	09
100	02 04 09 14 16 31	03
101	09 16 19 21 22 24	12
102	02 05 06 14 24 31	12
103	04 07 16 18 23 30	07
104	02 04 21 23 30 33	09
105	04 15 23 30 32 33	03

续表

期号	开奖号码（红球）	开奖号码（蓝球）
106	01 11 13 24 26 31	13
107	09 10 20 24 25 26	11
108	03 10 12 24 29 30	06
109	03 05 13 15 17 31	04
110	07 10 16 19 24 25	09
111	03 07 15 16 19 29	09
112	04 12 22 28 29 30	16
113	15 18 20 22 26 27	03
114	06 07 10 15 21 27	06
115	03 12 18 23 30 33	02
116	04 06 08 14 15 30	10
117	06 17 22 27 28 32	03
118	04 09 12 15 26 31	16
119	01 07 11 18 20 22	02
120	01 06 13 18 30 32	14
121	01 07 20 25 31 32	12
122	01 04 07 14 30 32	09
123	11 12 13 17 18 25	07
124	05 06 10 19 31 33	11
125	06 14 18 28 31 32	03
126	02 08 13 19 25 26	09
127	04 06 11 14 23 25	12
128	02 04 14 23 29 33	15
129	05 10 14 20 27 33	03
130	03 05 09 15 20 25	16
131	02 07 10 11 12 24	03
132	02 04 10 18 27 29	15
133	01 07 14 16 18 25	11
134	04 13 14 18 26 30	01
135	01 05 13 15 21 25	11
136	05 14 16 18 25 27	13
137	03 09 15 23 25 33	12
138	03 05 06 11 20 22	13
139	02 07 20 23 32 33	10
140	04 06 07 08 12 17	07
141	03 05 08 12 16 19	15
142	07 10 12 17 22 29	05

第三章 双色球历史开奖实录

续表

期号	开奖号码（红球）	开奖号码（蓝球）
143	03 10 15 17 20 32	08
144	01 08 14 15 19 27	09
145	03 07 08 17 20 28	15
146	07 11 19 20 24 28	02
147	06 07 15 27 28 30	10
148	03 15 17 23 24 29	13
149	11 16 21 23 25 32	07
150	03 07 10 14 18 20	02
151	04 11 12 13 19 30	05
152	01 05 12 14 21 27	03
153	04 05 07 21 26 29	01
2006/001	01 12 15 19 21 28	03
002	07 13 16 21 26 28	09
003	02 04 05 06 16 20	12
004	04 08 17 27 28 31	07
005	03 19 20 24 26 27	11
006	08 21 22 23 26 32	14
007	04 16 18 27 32 33	07
008	03 05 09 18 28 32	16
009	05 06 08 20 26 30	06
010	04 06 12 19 27 29	08
011	05 07 08 14 27 31	11
012	09 11 13 27 31 33	10
013	01 05 06 12 16 21	11
014	06 14 26 29 32 33	07
015	02 03 09 15 29 32	03
016	01 07 13 17 23 30	16
017	03 04 08 31 32 33	02
018	01 13 14 17 24 26	05
019	04 06 13 22 26 32	07
020	05 09 21 23 26 29	06
021	01 02 05 20 21 22	09
022	02 03 04 13 16 27	13
023	04 13 14 19 23 28	08
024	02 07 09 11 21 27	06
025	03 04 17 19 24 32	05
026	01 02 18 22 29 32	03

049

续表

期号	开奖号码（红球）	开奖号码（蓝球）
027	06 08 11 14 16 27	15
028	05 07 14 16 17 27	04
029	03 04 07 09 14 19	08
030	08 13 15 17 20 32	14
031	03 10 12 16 31 32	14
032	05 18 20 24 26 31	09
033	15 20 22 23 27 31	06
034	02 10 15 16 17 33	13
035	03 09 13 21 27 29	13
036	04 07 10 16 17 21	09
037	02 12 23 24 25 32	14
038	02 14 17 19 22 30	10
039	16 19 22 28 31 32	03
040	15 22 25 26 28 33	03
041	03 10 16 18 21 28	04
042	03 16 23 26 28 31	11
043	05 12 13 16 23 32	03
044	02 10 18 21 30 31	05
045	06 07 10 14 20 21	04
046	13 18 23 29 31 32	08
047	02 17 20 22 28 32	03
048	09 13 19 25 29 32	12
049	06 10 12 13 17 20	03
050	02 06 12 15 25 31	07
051	02 06 07 17 27 30	16
052	11 24 26 27 30 32	03
053	01 11 17 27 28 31	02
054	03 05 07 10 28 30	04
055	04 05 28 29 31 33	11
056	11 13 15 21 23 25	08
057	03 04 17 18 21 31	08
058	01 12 22 23 24 25	14
059	05 10 15 17 27 29	11
060	05 15 19 23 30 32	14
061	05 13 17 19 25 30	11
062	18 22 23 24 26 30	01
063	04 05 15 21 23 24	08

续表

期号	开奖号码（红球）	开奖号码（蓝球）
064	03 12 14 21 24 28	11
065	04 08 17 28 29 30	13
066	06 08 11 18 30 33	05
067	07 08 11 16 17 24	13
068	03 07 10 14 30 33	10
069	05 16 20 22 29 30	08
070	02 03 11 13 20 27	02
071	05 11 12 19 29 31	01
072	02 03 05 20 21 24	08
073	05 13 16 18 27 29	12
074	01 03 15 19 25 33	04
075	10 21 22 23 25 33	11
076	04 10 17 21 29 32	14
077	08 09 12 13 19 33	09
078	03 05 17 22 31 33	12
079	06 11 13 17 20 32	08
080	15 17 20 22 26 29	09
081	14 16 18 21 22 32	04
082	03 13 15 23 28 29	09
083	07 09 18 19 26 29	10
084	01 12 17 21 25 28	12
085	02 06 18 21 24 25	08
086	04 06 10 24 26 31	06
087	04 05 08 09 12 30	05
088	03 11 20 24 25 26	01
089	01 13 16 18 19 22	01
090	02 11 15 20 23 29	11
091	07 08 12 21 22 24	07
092	02 08 11 16 20 21	14
093	02 12 16 18 19 23	05
094	15 16 17 18 24 33	13
095	01 03 17 20 21 29	16
096	01 05 09 13 18 33	14
097	11 14 15 20 26 27	12
098	06 07 10 11 18 23	16
099	09 12 18 23 24 27	05
100	01 11 18 26 30 32	03

续表

期号	开奖号码（红球）	开奖号码（蓝球）
101	09 12 20 26 27 28	16
102	01 04 13 19 20 24	11
103	12 14 15 25 28 31	06
104	03 07 22 27 28 31	11
105	05 12 14 15 20 31	01
106	02 12 14 19 28 33	10
107	01 06 08 13 17 30	07
108	02 06 08 20 24 30	09
109	01 05 17 18 23 26	13
110	09 12 14 18 27 33	13
111	01 08 11 16 17 22	15
112	04 09 13 15 31 33	11
113	05 14 17 18 28 33	02
114	08 10 14 20 27 29	16
115	01 10 20 26 28 29	15
116	05 16 21 22 32 33	09
117	06 14 20 22 23 26	09
118	01 03 07 08 10 30	05
119	01 02 14 20 27 30	02
120	06 08 14 15 24 33	09
121	03 04 06 27 31 33	06
122	04 05 06 08 22 24	03
123	02 03 20 25 28 32	06
124	12 13 14 18 31 32	13
125	15 19 23 30 32 33	06
126	02 08 13 16 24 33	09
127	03 04 11 17 19 30	01
128	04 15 21 30 31 33	05
129	09 14 18 22 27 29	12
130	01 12 21 22 30 32	02
131	03 04 09 22 26 33	01
132	06 14 22 26 30 33	01
133	04 06 20 25 29 31	03
134	10 13 18 26 28 30	12
135	04 19 21 22 23 31	04
136	11 15 17 21 22 24	05
137	10 14 17 21 27 31	09

续表

期号	开奖号码（红球）	开奖号码（蓝球）
138	04 09 11 17 18 26	08
139	07 08 14 21 23 25	05
140	01 08 11 18 19 23	05
141	16 18 22 23 25 31	11
142	10 16 19 22 26 27	16
143	01 15 20 29 31 32	08
144	04 10 13 16 22 29	06
145	02 07 23 26 28 31	07
146	03 09 13 23 28 30	05
147	01 04 15 17 27 31	01
148	04 08 12 13 23 29	01
149	02 03 05 11 15 32	15
150	08 09 12 18 25 27	12
151	01 03 04 06 16 22	08
152	01 14 20 25 27 31	15
153	01 07 11 20 30 33	10
154	07 14 18 20 30 33	13
2007/001	02 04 09 10 20 26	14
002	05 06 14 20 21 22	01
003	05 09 11 12 22 27	15
004	03 07 10 13 25 33	10
005	01 05 06 16 24 30	12
006	06 10 14 22 26 27	11
007	04 12 15 17 22 32	14
008	01 04 05 18 19 25	10
009	02 04 14 15 25 27	15
010	03 08 14 17 30 32	05
011	03 10 15 25 28 33	16
012	03 05 07 21 26 28	04
013	05 15 18 27 29 32	05
014	01 13 16 20 24 26	09
015	03 04 08 18 22 30	15
016	01 18 20 22 26 33	05
017	05 09 10 24 25 32	14
018	01 12 18 20 21 26	11
019	04 11 16 23 29 31	14
020	05 10 16 20 28 31	14

续表

期号	开奖号码（红球）	开奖号码（蓝球）
021	03 06 09 11 25 31	13
022	02 04 07 10 18 27	10
023	03 07 13 17 32 33	02
024	08 09 17 25 27 32	06
025	03 16 18 22 23 26	03
026	01 04 14 16 26 29	10
027	02 03 09 22 24 27	11
028	03 08 13 20 29 30	11
029	06 08 09 11 19 21	10
030	03 16 21 22 27 30	04
031	04 06 10 12 19 31	01
032	04 08 16 24 30 32	16
033	03 04 11 17 18 28	09
034	02 09 12 14 23 25	16
035	01 04 08 12 29 31	06
036	03 14 21 23 30 31	10
037	10 11 16 23 31 33	16
038	03 11 14 19 21 30	05
039	06 07 19 24 27 29	01
040	13 14 15 19 24 30	10
041	01 03 09 11 26 31	12
042	03 13 16 19 32 33	08
043	03 08 10 11 14 30	05
044	09 13 20 21 24 32	08
045	01 12 18 21 28 30	10
046	02 06 07 09 19 26	14
047	02 04 16 18 23 30	06
048	02 11 12 15 17 28	12
049	04 14 18 19 31 33	02
050	01 05 08 13 18 25	02
051	03 14 16 26 27 33	13
052	02 03 07 08 26 29	07
053	10 13 16 17 18 27	11
054	01 03 16 18 23 28	05
055	02 06 11 22 28 29	02
056	14 17 21 29 31 32	12
057	05 11 18 19 20 21	09

续表

期号	开奖号码（红球）	开奖号码（蓝球）
058	07 08 10 13 25 27	07
059	01 03 04 06 07 29	14
060	01 02 08 16 19 29	05
061	01 06 07 11 20 23	05
062	08 17 20 29 30 33	09
063	10 15 17 24 26 28	12
064	02 06 09 16 21 23	16
065	04 07 19 21 25 31	07
066	05 11 16 24 32 33	08
067	06 11 13 17 21 23	11
068	11 18 19 22 23 28	01
069	03 04 11 12 14 32	12
070	06 08 15 17 18 30	12
071	01 06 14 21 30 31	09
072	02 04 08 13 14 33	16
073	05 09 11 19 28 31	02
074	08 13 15 25 27 28	03
075	13 16 17 22 30 32	03
076	06 12 15 16 20 31	02
077	06 08 14 21 28 29	02
078	04 06 07 23 25 32	01
079	03 04 14 20 21 25	14
080	01 08 16 18 19 29	04
081	09 14 15 19 24 33	13
082	05 15 17 18 25 32	15
083	11 14 18 20 21 26	05
084	06 10 12 14 20 27	10
085	02 12 17 19 29 30	12
086	05 08 14 22 27 29	16
087	01 03 04 05 08 21	09
088	02 04 10 28 29 33	06
089	03 07 08 15 19 28	03
090	05 11 13 27 30 31	02
091	02 11 17 30 31 32	07
092	14 18 22 23 24 33	09
093	05 10 13 15 19 29	02
094	03 05 18 19 24 32	02

续表

期号	开奖号码（红球）	开奖号码（蓝球）
095	01 06 08 18 29 32	07
096	09 10 20 22 30 32	08
097	04 08 13 18 26 30	11
098	02 03 05 11 19 20	12
099	03 04 14 27 31 33	05
100	08 18 27 29 30 32	06
101	15 16 18 21 22 30	14
102	04 06 08 18 20 33	11
103	07 09 25 27 30 32	01
104	02 08 12 14 20 32	04
105	02 07 10 17 23 29	14
106	12 18 21 24 25 29	08
107	02 08 09 18 24 28	10
108	03 07 12 13 20 33	02
109	01 04 07 08 13 14	04
110	02 04 07 15 24 28	03
111	02 09 10 12 13 17	11
112	07 11 14 16 25 32	11
113	04 18 23 25 26 31	10
114	05 12 15 24 27 33	05
115	01 05 10 16 20 26	02
116	03 05 07 11 17 27	13
117	03 07 09 10 26 32	01
118	04 10 16 18 25 32	15
119	03 08 11 13 25 31	12
120	06 07 11 12 18 25	01
121	03 10 21 22 27 28	06
122	04 07 19 24 26 32	09
123	01 13 15 23 28 32	02
124	03 07 13 16 19 32	16
125	03 05 18 20 27 33	01
126	09 10 19 23 26 31	09
127	06 09 13 16 24 28	11
128	09 10 19 21 27 31	05
129	05 07 20 21 22 30	08
130	03 05 09 11 27 31	04
131	03 05 07 16 22 27	05

续表

期号	开奖号码（红球）	开奖号码（蓝球）
132	01 09 16 21 22 23	05
133	03 06 07 11 13 33	10
134	01 04 10 13 18 25	15
135	01 11 16 26 31 33	16
136	01 02 18 21 25 29	14
137	03 07 08 18 20 22	03
138	02 03 15 17 19 25	16
139	06 10 12 14 16 22	06
140	01 05 16 21 22 26	11
141	02 03 04 06 17 31	08
142	11 20 25 26 27 30	08
143	01 06 22 23 24 26	04
144	08 14 23 25 28 32	16
145	08 09 11 12 25 31	11
146	04 18 22 24 26 30	09
147	03 07 18 24 26 27	04
148	03 09 16 17 23 28	07
149	01 17 19 22 28 30	03
150	03 05 11 13 19 24	05
151	01 06 10 11 23 25	02
152	11 17 21 29 30 33	08
153	01 04 19 20 25 31	15
2008/001	02 04 07 09 14 29	03
002	03 04 18 22 25 29	09
003	06 08 11 13 17 19	12
004	04 08 22 23 27 29	08
005	03 05 15 22 24 25	15
006	01 14 16 18 22 27	14
007	01 13 17 22 23 30	11
008	02 15 16 23 26 27	07
009	09 21 29 30 31 32	16
010	03 08 11 17 21 27	09
011	02 14 17 21 30 32	03
012	03 04 05 16 20 30	13
013	02 08 15 16 22 28	10
014	03 09 11 17 21 31	14
015	06 08 11 16 29 33	03

续表

期号	开奖号码（红球）	开奖号码（蓝球）
016	03 12 14 21 29 33	13
017	02 05 07 17 20 22	02
018	02 05 06 23 26 33	13
019	02 09 11 17 27 31	05
020	03 10 13 15 28 30	03
021	09 12 19 20 26 28	15
022	12 18 20 24 28 32	05
023	08 16 18 25 26 32	02
024	11 20 21 26 28 30	13
025	08 16 17 18 19 21	14
026	05 17 19 27 29 32	03
027	15 18 19 23 24 26	13
028	01 13 21 26 29 32	10
029	01 09 14 22 29 32	12
030	06 15 18 19 20 28	11
031	03 06 11 15 21 31	13
032	05 14 16 21 23 28	13
033	12 17 18 30 31 33	04
034	03 05 09 11 21 29	09
035	07 11 14 17 18 29	16
036	02 06 13 18 23 28	16
037	01 12 22 24 28 31	06
038	03 09 10 11 15 19	13
039	01 07 10 13 22 29	01
040	06 13 22 25 27 28	09
041	08 11 20 22 23 27	04
042	03 04 09 11 12 24	01
043	03 10 16 22 27 33	14
044	05 07 09 20 26 29	09
045	01 10 13 21 29 32	04
046	15 16 18 24 28 33	15
047	09 12 13 14 20 22	10
048	11 18 21 27 30 32	01
049	03 10 12 13 19 25	04
050	01 11 19 24 26 27	03
051	01 04 08 10 13 33	11
052	02 10 17 23 29 31	10

续表

期号	开奖号码（红球）	开奖号码（蓝球）
053	06 12 19 20 21 27	04
054	02 06 16 17 20 25	07
055	11 16 19 23 26 31	04
056	08 13 22 23 25 30	07
057	19 20 21 26 28 30	08
058	01 12 21 27 29 31	11
059	02 06 15 29 31 32	16
060	06 07 08 17 30 32	03
061	01 02 05 12 26 31	06
062	06 08 13 17 24 27	15
063	05 09 11 14 16 17	15
064	01 02 07 09 12 18	12
065	05 13 15 19 30 31	05
066	07 12 21 22 29 30	08
067	10 11 15 19 26 33	13
068	05 07 17 23 27 29	07
069	05 08 17 20 26 30	10
070	05 06 12 15 18 33	13
071	01 06 21 26 27 28	09
072	01 05 10 18 22 30	09
073	01 09 13 22 28 33	08
074	01 11 15 19 20 24	09
075	01 08 14 18 22 30	03
076	02 05 07 11 13 18	11
077	04 12 22 26 30 33	09
078	06 13 16 26 30 33	01
079	03 04 05 10 20 32	09
080	04 14 22 25 29 32	14
081	02 12 13 18 25 31	04
082	04 08 10 12 21 26	09
083	07 08 09 18 29 32	09
084	04 07 13 20 29 30	16
085	01 04 12 20 24 29	15
086	04 05 10 26 27 30	12
087	01 07 26 29 30 31	06
088	01 06 08 16 17 23	05
089	03 06 11 16 22 27	11

续表

期号	开奖号码（红球）	开奖号码（蓝球）
090	02 07 14 18 19 24	01
091	03 12 14 23 31 32	10
092	01 03 18 27 28 30	05
093	04 10 12 16 26 28	07
094	01 04 15 16 23 28	14
095	03 08 14 21 28 29	03
096	06 08 12 24 27 31	14
097	03 06 08 09 16 17	13
098	06 07 10 11 15 30	01
099	10 15 16 22 23 24	07
100	08 14 17 21 27 28	14
101	09 17 21 26 28 30	04
102	03 07 12 21 25 32	05
103	01 12 16 18 22 33	04
104	03 06 08 17 24 31	01
105	05 17 19 27 28 32	02
106	14 19 25 27 29 30	15
107	06 13 18 22 27 32	04
108	09 10 15 17 23 30	12
109	04 07 09 16 21 28	10
110	10 16 22 23 29 31	02
111	17 18 21 25 31 32	06
112	05 13 14 19 22 23	06
113	06 09 10 12 17 22	09
114	04 09 20 24 25 31	14
115	02 12 13 14 17 18	06
116	03 07 21 22 24 29	14
117	03 05 07 10 14 33	07
118	04 09 16 27 31 33	01
119	05 07 09 15 24 29	07
120	10 11 22 24 26 33	02
121	02 22 23 27 31 32	06
122	02 08 11 14 19 26	15
123	10 11 15 16 25 29	02
124	01 07 10 13 21 22	03
125	10 11 12 15 26 29	09
126	04 11 12 14 20 30	13

续表

期号	开奖号码（红球）	开奖号码（蓝球）
127	05 08 19 22 27 30	13
128	01 05 19 20 27 33	05
129	01 03 18 24 25 32	15
130	01 12 18 28 30 32	06
131	02 12 15 18 22 32	08
132	09 13 16 25 27 33	08
133	08 11 16 19 24 26	11
134	10 15 19 20 28 32	02
135	05 14 15 16 19 21	15
136	05 09 10 12 18 28	02
137	01 04 24 28 29 33	09
138	07 14 19 23 25 32	04
139	08 09 19 23 25 26	07
140	07 14 16 29 30 31	14
141	03 13 20 25 29 33	15
142	05 06 10 13 17 28	15
143	12 17 18 19 26 27	06
144	02 05 10 27 29 33	15
145	07 13 18 22 26 29	02
146	07 08 17 19 31 32	10
147	07 08 14 22 26 33	02
148	03 05 09 22 26 28	09
149	10 14 22 28 29 33	02
150	04 19 22 24 29 32	02
151	06 08 10 14 17 19	06
152	01 04 06 22 26 30	08
153	01 04 18 21 24 30	16
154	02 05 07 21 22 26	08
2009/001	04 21 23 24 30 31	04
002	10 14 17 25 29 33	14
003	02 03 06 15 25 30	02
004	03 11 13 17 28 31	03
005	01 03 08 15 17 21	13
006	06 12 18 20 26 33	02
007	01 05 12 23 25 26	15
008	04 15 16 22 32 33	02
009	08 15 21 30 31 33	02

续表

期号	开奖号码（红球）	开奖号码（蓝球）
010	03 10 17 19 20 24	02
011	02 04 13 14 18 23	15
012	05 11 14 17 18 28	01
013	04 08 09 21 26 27	09
014	03 06 09 14 15 18	02
015	02 04 06 15 17 32	05
016	02 07 13 16 20 33	03
017	06 14 15 19 25 26	08
018	02 05 06 19 27 30	15
019	06 17 19 20 26 27	04
020	03 05 07 10 19 23	13
021	01 04 05 17 24 27	09
022	05 08 09 10 11 18	08
023	01 06 07 15 24 30	08
024	01 03 17 23 30 33	12
025	10 20 22 23 26 33	11
026	11 15 17 18 20 30	16
027	02 07 11 16 27 32	06
028	03 06 12 15 23 26	10
029	12 13 15 22 23 29	13
030	08 14 24 26 28 32	07
031	01 02 03 15 30 33	01
032	09 11 12 19 27 32	06
033	07 08 13 14 29 30	06
034	09 12 18 21 22 26	07
035	06 15 21 26 29 31	05
036	06 09 18 23 32 33	07
037	02 06 15 18 20 31	03
038	12 13 15 23 28 32	05
039	05 12 14 15 21 27	03
040	04 07 10 20 26 30	12
041	01 08 23 26 28 33	08
042	08 16 22 23 27 30	11
043	04 09 10 15 18 26	07
044	11 14 16 18 26 30	01
045	03 04 06 23 30 32	01
046	16 20 21 26 29 30	09

续表

期号	开奖号码（红球）	开奖号码（蓝球）
047	06 08 11 15 21 22	16
048	03 07 11 15 17 31	01
049	09 12 14 20 30 31	06
050	13 21 24 29 30 32	04
051	06 10 13 16 21 23	07
052	09 11 15 19 21 30	08
053	07 12 18 19 22 28	04
054	16 17 23 26 31 32	11
055	03 04 18 22 24 29	11
056	04 09 10 18 29 32	08
057	05 07 10 14 17 25	11
058	05 08 10 15 23 26	09
059	03 07 13 23 27 30	11
060	07 13 17 26 32 33	04
061	10 11 13 16 19 30	03
062	10 19 20 21 23 32	10
063	02 05 11 26 30 32	16
064	01 02 14 23 28 29	15
065	08 12 20 22 30 33	02
066	02 15 19 24 31 32	04
067	04 10 16 23 28 30	05
068	06 11 18 20 25 30	05
069	03 05 12 18 21 23	02
070	01 02 09 10 21 31	10
071	04 05 23 26 31 32	06
072	01 03 12 20 21 29	04
073	09 16 17 18 22 27	14
074	05 10 16 19 23 28	13
075	01 13 15 17 20 30	05
076	09 18 19 25 28 31	06
077	01 09 14 16 28 32	16
078	05 07 12 14 15 20	13
079	02 09 16 21 30 31	13
080	01 11 13 25 32 33	06
081	04 05 06 25 29 30	03
082	11 15 18 21 27 29	02
083	02 08 12 18 24 28	04

续表

期号	开奖号码（红球）	开奖号码（蓝球）
084	04 09 11 20 32 33	13
085	04 08 12 17 20 30	03
086	11 12 13 18 23 32	11
087	06 11 13 20 28 32	06
088	04 07 11 15 16 17	02
089	02 03 07 11 19 32	04
090	07 09 14 20 23 30	14
091	03 08 11 14 25 29	04
092	02 06 07 14 18 31	08
093	01 11 20 31 32 33	01
094	03 16 22 25 26 33	14
095	08 09 14 28 31 33	15
096	01 26 27 31 32 33	03
097	07 13 24 26 28 32	14
098	03 14 15 20 23 30	02
099	08 09 18 20 25 29	09
100	02 11 17 27 30 33	11
101	01 02 05 10 19 24	14
102	03 05 07 08 14 31	10
103	06 11 17 20 23 24	09
104	20 22 26 29 30 32	16
105	02 08 10 16 27 30	15
106	01 02 15 18 20 29	04
107	07 08 20 23 28 29	05
108	04 10 17 28 32 33	02
109	05 06 07 14 25 28	01
110	04 10 13 15 19 30	14
111	02 04 07 14 15 25	15
112	06 07 18 24 30 32	09
113	04 12 20 25 28 29	16
114	03 05 11 12 31 32	11
115	02 09 13 15 19 24	03
116	05 17 21 25 27 32	14
117	05 09 15 21 26 31	13
118	12 16 25 26 27 31	05
119	06 07 10 12 15 21	05
120	01 02 08 12 16 30	16

续表

期号	开奖号码（红球）	开奖号码（蓝球）
121	02 04 06 10 25 30	09
122	07 14 16 27 29 32	01
123	09 13 20 22 25 28	14
124	03 04 22 23 28 30	10
125	06 07 08 22 26 27	12
126	03 05 06 10 19 23	15
127	02 11 12 14 15 16	04
128	05 08 15 16 26 32	01
129	06 07 16 17 24 25	07
130	02 03 07 12 13 30	11
131	16 23 25 26 32 33	05
132	04 14 15 21 23 30	07
133	05 09 13 18 20 32	01
134	03 05 12 15 28 33	06
135	01 03 14 19 30 33	16
136	01 04 14 22 30 33	01
137	08 12 14 15 17 21	01
138	04 07 14 26 32 33	14
139	01 05 15 17 27 29	02
140	04 05 11 18 22 33	12
141	02 13 21 28 29 31	09
142	07 11 15 19 20 24	13
143	05 09 11 17 23 28	10
144	01 05 10 17 18 29	12
145	03 05 11 15 26 33	11
146	03 09 16 20 22 33	15
147	06 08 10 18 22 32	16
148	06 12 15 22 29 32	10
149	01 03 16 18 22 29	04
150	04 06 07 16 19 20	04
151	06 08 10 16 25 30	14
152	03 04 19 21 27 28	05
153	06 07 08 20 21 25	10
154	01 07 12 14 18 25	16
2010/001	07 17 18 27 29 32	13
002	03 06 07 23 30 33	13
003	14 22 26 27 28 31	04

续表

期号	开奖号码（红球）	开奖号码（蓝球）
004	01 12 13 16 23 28	07
005	03 05 06 08 17 18	14
006	03 05 07 13 14 18	05
007	14 22 27 28 30 33	14
008	05 07 13 15 18 30	14
009	01 09 13 21 24 32	06
010	07 08 12 15 22 26	08
011	07 08 14 22 24 30	07
012	02 08 13 14 25 33	10
013	01 02 03 16 18 23	12
014	01 03 07 14 26 28	02
015	01 04 16 21 23 28	06
016	02 08 10 12 30 33	16
017	01 03 06 11 12 23	11
018	11 28 29 30 32 33	02
019	02 10 22 24 26 27	06
020	05 06 14 22 24 26	09
021	02 09 16 17 19 25	04
022	01 02 18 29 31 32	02
023	02 09 11 22 24 27	11
024	07 16 26 27 29 31	14
025	04 05 07 10 13 25	11
026	02 04 05 08 19 22	12
027	03 04 15 25 26 30	13
028	01 03 06 12 16 32	12
029	01 05 14 16 17 22	03
030	03 06 10 16 25 31	05
031	05 07 13 24 25 28	04
032	08 18 21 28 29 33	08
033	08 10 11 12 25 29	09
034	06 11 13 22 25 32	12
035	09 10 11 18 19 21	10
036	06 13 14 28 29 30	08
037	03 16 19 21 24 26	06
038	01 06 07 11 13 16	01
039	08 17 21 23 25 32	12
040	12 19 24 25 30 32	11

续表

期号	开奖号码（红球）	开奖号码（蓝球）
041	03 05 13 19 25 29	12
042	03 06 11 20 31 32	10
043	04 10 19 22 28 33	04
044	03 09 21 23 27 31	05
045	02 03 04 13 20 29	01
046	11 12 21 23 27 32	05
047	03 10 13 20 21 32	15
048	01 06 08 10 23 33	02
049	01 06 10 26 27 28	02
050	07 21 22 26 28 30	11
051	04 17 23 27 28 32	03
052	01 02 19 23 27 29	10
053	03 22 24 27 28 30	14
054	01 06 08 12 14 25	06
055	02 03 13 19 20 23	08
056	01 02 03 08 13 32	07
057	05 11 12 19 25 32	05
058	01 04 11 17 19 29	12
059	01 09 11 12 18 30	10
060	01 08 15 18 22 27	09
061	02 04 16 19 22 26	12
062	11 13 15 20 31 33	03
063	02 06 10 17 23 24	03
064	08 14 25 26 30 31	11
065	02 07 08 17 30 32	12
066	01 03 21 22 31 32	07
067	01 07 10 14 21 25	01
068	03 13 18 20 23 28	13
069	12 14 20 22 24 32	11
070	08 13 23 27 31 33	07
071	05 13 14 17 20 26	01
072	06 08 22 23 30 31	01
073	01 16 20 23 27 31	02
074	02 10 17 18 19 29	15
075	05 09 12 13 15 22	14
076	01 12 14 29 31 32	15
077	02 08 14 20 21 24	09

续表

期号	开奖号码（红球）	开奖号码（蓝球）
078	01 03 09 11 17 23	12
079	08 11 12 14 18 22	02
080	08 10 13 14 16 23	16
081	02 03 09 24 26 27	05
082	01 08 13 14 27 31	02
083	02 20 21 22 23 31	12
084	02 10 14 18 20 30	03
085	01 08 12 13 24 27	08
086	05 21 28 29 30 31	08
087	01 08 16 17 25 30	10
088	05 06 15 23 27 30	12
089	07 08 09 16 23 26	01
090	01 06 10 15 25 31	14
091	06 13 16 20 22 24	16
092	03 13 19 27 28 30	02
093	09 10 19 28 32 33	06
094	03 05 07 27 31 32	10
095	09 11 16 17 25 27	14
096	07 12 21 23 24 28	03
097	10 16 18 21 24 26	01
098	01 03 08 16 29 33	07
099	03 04 17 24 27 30	06
100	01 06 12 22 23 26	08
101	04 09 18 21 25 26	06
102	04 11 16 20 22 29	10
103	06 09 14 17 20 33	09
104	07 17 23 24 27 32	02
105	01 08 09 19 21 31	11
106	02 06 08 15 26 29	16
107	08 12 15 17 22 33	16
108	02 04 08 20 23 24	07
109	04 15 18 25 29 32	15
110	01 03 12 24 26 27	01
111	04 07 08 13 17 18	10
112	01 08 18 24 29 30	16
113	05 10 15 18 20 28	10
114	01 08 11 15 17 25	01

第三章 双色球历史开奖实录

续表

期号	开奖号码（红球）	开奖号码（蓝球）
115	01 22 24 25 29 33	15
116	05 09 10 20 22 26	07
117	01 08 20 22 24 28	01
118	05 08 11 13 15 25	05
119	07 17 25 27 30 31	09
120	01 02 05 06 10 29	16
121	08 11 13 18 25 30	15
122	02 09 12 16 25 27	06
123	06 12 15 18 29 32	10
124	02 06 08 11 12 25	02
125	06 07 13 23 28 29	09
126	03 13 18 20 27 28	05
127	01 04 08 17 25 33	01
128	04 11 19 20 24 28	12
129	04 08 14 25 28 32	16
130	01 02 07 15 21 31	16
131	05 06 15 16 19 26	06
132	02 10 12 18 24 33	15
133	03 09 17 21 26 32	01
134	09 15 16 22 27 28	06
135	04 10 13 25 26 30	10
136	04 10 23 24 26 33	10
137	07 09 10 13 19 33	06
138	01 21 23 24 26 30	05
139	11 13 18 20 26 31	09
140	01 12 13 18 26 29	15
141	02 03 07 18 23 27	06
142	02 16 18 23 26 27	10
143	09 16 18 26 30 31	14
144	02 03 08 15 19 21	11
145	03 21 24 27 28 31	08
146	01 17 18 22 25 32	01
147	02 08 15 18 24 30	03
148	01 03 07 18 23 27	12
149	02 07 08 16 25 30	09
150	02 17 18 23 29 30	06
151	02 13 14 17 19 26	14

续表

期号	开奖号码（红球）	开奖号码（蓝球）
152	04 09 17 21 25 31	01
153	03 06 12 19 30 31	13
2011/001	03 09 20 24 26 32	10
002	06 08 12 17 28 33	05
003	13 14 21 22 23 27	04
004	04 06 08 10 13 26	05
005	06 09 12 14 20 22	13
006	01 03 05 13 16 18	05
007	01 09 17 24 26 31	05
008	10 12 13 17 24 31	15
009	17 18 23 24 25 26	04
010	01 04 05 09 15 19	13
011	01 12 18 19 21 24	10
012	07 08 11 13 15 26	13
013	01 03 13 16 21 22	08
014	05 07 10 11 23 26	16
015	03 06 13 26 27 29	07
016	03 04 16 17 22 29	13
017	02 06 15 23 26 33	08
018	13 15 18 28 30 33	01
019	02 04 12 19 32 33	16
020	12 16 17 19 24 30	05
021	01 02 14 18 25 31	08
022	02 07 14 16 17 21	05
023	02 03 06 21 22 25	05
024	05 07 10 19 26 31	14
025	08 25 26 31 32 33	09
026	07 08 17 19 21 26	12
027	13 18 21 22 25 26	01
028	01 04 05 14 16 17	01
029	01 04 09 10 20 31	07
030	02 09 19 24 25 33	10
031	16 17 24 28 29 32	12
032	03 05 07 13 14 15	15
033	02 08 12 13 19 29	04
034	13 14 17 19 24 31	08
035	13 14 18 20 27 31	02

续表

期号	开奖号码（红球）	开奖号码（蓝球）
036	02 11 20 22 24 31	05
037	01 03 04 06 17 25	11
038	02 14 15 19 23 24	12
039	03 07 10 16 24 29	13
040	05 11 14 24 26 28	13
041	04 10 12 13 30 32	13
042	05 13 15 17 19 21	15
043	04 13 14 17 25 31	04
044	03 14 16 26 27 31	09
045	02 16 17 20 26 32	08
046	09 17 18 26 29 30	08
047	04 13 23 25 27 33	14
048	10 14 18 25 26 27	15
049	01 11 17 18 27 31	14
050	04 05 19 22 28 29	15
051	01 07 11 14 15 16	14
052	04 05 08 19 27 28	08
053	03 06 10 12 22 30	15
054	08 11 16 17 22 33	08
055	08 13 16 17 29 32	16
056	13 16 19 20 23 25	10
057	04 06 20 21 26 33	02
058	07 18 22 30 32 33	06
059	24 26 27 29 31 33	16
060	10 11 13 21 27 31	01
061	02 03 08 13 19 21	03
062	04 08 09 10 29 30	03
063	04 06 13 15 18 19	05
064	03 06 07 29 30 33	02
065	04 16 23 25 27 29	03
066	04 06 14 17 30 32	12
067	17 19 20 24 25 27	12
068	03 07 10 15 19 24	10
069	02 13 16 18 24 30	12
070	01 03 05 12 21 28	12
071	01 02 15 22 28 30	02
072	01 06 10 11 18 27	12

续表

期号	开奖号码（红球）	开奖号码（蓝球）
073	03 04 05 12 17 21	14
074	02 21 26 28 29 32	01
075	07 09 10 12 31 32	13
076	06 19 21 26 32 33	13
077	01 07 08 15 26 29	10
078	03 05 13 20 22 29	09
079	03 14 15 16 24 29	05
080	02 07 09 25 31 32	09
081	06 14 19 23 25 32	12
082	07 16 17 20 25 26	04
083	07 16 18 24 28 29	06
084	09 10 12 16 18 32	15
085	03 06 11 21 24 31	10
086	06 07 09 12 17 24	09
087	02 03 04 05 18 28	01
088	03 09 17 20 21 29	04
089	01 02 11 24 29 30	12
090	02 05 14 18 21 25	16
091	09 15 21 23 28 30	03
092	05 10 17 26 31 32	04
093	04 07 11 13 23 30	09
094	09 11 12 17 18 19	05
095	03 07 08 10 23 24	05
096	01 04 07 13 14 19	15
097	09 17 19 20 21 26	16
098	03 07 20 21 22 32	05
099	10 12 13 21 26 27	14
100	07 11 21 23 31 32	05
101	06 10 19 23 29 31	06
102	01 05 13 21 27 31	11
103	04 05 10 13 15 16	12
104	09 10 16 20 25 29	09
105	04 06 23 25 27 28	01
106	02 11 12 14 24 32	14
107	04 09 16 17 22 29	15
108	02 17 22 26 29 33	10
109	01 03 09 15 16 33	15

续表

期号	开奖号码（红球）	开奖号码（蓝球）
110	12 14 21 26 28 33	12
111	01 03 05 20 25 27	04
112	03 05 16 18 23 24	15
113	06 10 11 25 32 33	05
114	01 14 15 16 30 32	09
115	07 08 09 12 17 33	16
116	01 07 11 12 17 27	05
117	08 10 19 26 28 30	04
118	05 06 11 14 20 21	10
119	09 12 14 19 28 32	01
120	04 14 17 28 30 33	07
121	04 14 22 25 32 33	02
122	10 12 18 26 27 31	03
123	01 04 05 14 19 28	16
124	09 18 19 26 31 32	16
125	03 10 15 24 27 32	08
126	03 07 13 18 23 26	16
127	16 19 22 23 27 29	11
128	09 11 14 17 19 23	12
129	07 10 11 21 23 26	06
130	07 14 18 23 25 32	15
131	02 07 09 17 21 25	01
132	02 05 12 13 25 33	07
133	12 14 20 21 25 31	16
134	01 02 06 07 30 31	10
135	12 13 17 20 25 26	12
136	02 04 06 20 22 31	07
137	02 11 18 23 30 33	13
138	01 05 15 24 28 32	07
139	08 20 24 27 30 31	03
140	04 18 20 22 27 29	06
141	02 04 06 19 24 29	11
142	12 15 16 26 29 31	02
143	07 08 12 14 15 30	16
144	01 02 09 10 16 24	03
145	02 04 14 15 26 30	04
146	11 23 26 28 32 33	10

续表

期号	开奖号码（红球）	开奖号码（蓝球）
147	04 08 12 17 18 30	10
148	05 14 22 23 25 26	14
149	04 05 06 07 23 31	16
150	08 10 12 15 22 27	13
151	07 11 16 19 31 33	10
152	04 10 11 12 21 26	13
153	05 08 09 10 20 25	13
2012/001	01 04 05 09 15 17	06
002	02 03 07 09 10 32	13
003	03 06 08 24 29 31	09
004	01 05 10 11 21 23	16
005	07 09 18 27 31 33	06
006	02 22 25 29 32 33	08
007	10 17 19 27 28 32	04
008	01 12 20 23 24 29	08
009	04 16 24 26 27 33	11
010	01 03 13 19 25 26	10
011	04 14 15 16 20 26	05
012	15 17 18 20 23 27	01
013	06 08 24 29 30 32	13
014	01 02 05 16 28 30	12
015	01 03 06 10 21 23	15
016	02 05 12 17 22 25	08
017	06 09 14 19 25 28	10
018	03 05 06 22 26 32	15
019	07 14 18 20 22 30	16
020	03 08 12 18 23 29	11
021	01 15 16 18 22 30	03
022	04 08 12 24 26 27	04
023	05 09 15 23 24 33	02
024	04 12 19 21 25 28	13
025	03 08 09 17 25 27	06
026	03 07 09 15 24 25	16
027	04 16 22 25 30 31	12
028	10 15 20 21 28 30	11
029	04 07 15 25 26 28	03
030	09 10 17 18 21 31	08

续表

期号	开奖号码（红球）	开奖号码（蓝球）
031	04 16 22 24 27 31	03
032	01 02 10 17 22 24	04
033	02 03 15 16 17 27	04
034	02 03 08 23 32 33	16
035	09 11 12 21 24 26	05
036	02 11 13 18 19 26	09
037	05 14 19 24 28 33	09
038	09 10 11 15 19 33	16
039	01 02 05 13 22 29	08
040	03 08 09 22 25 31	10
041	08 11 15 20 24 32	02
042	05 06 11 19 24 28	16
043	02 09 11 21 26 33	03
044	06 09 10 14 22 25	03
045	08 11 20 21 27 30	09
046	04 12 19 20 23 33	06
047	06 07 11 16 32 33	11
048	01 05 14 22 24 30	10
049	04 12 13 19 20 32	02
050	07 13 15 17 19 24	11
051	02 12 14 17 30 31	09
052	02 03 05 06 20 24	04
053	04 15 22 25 27 33	04
054	06 14 18 20 30 33	14
055	04 06 13 20 24 28	01
056	04 07 14 17 26 31	10
057	03 05 19 21 27 31	04
058	03 06 15 20 25 26	04
059	04 13 21 22 26 31	01
060	07 10 13 16 17 29	01
061	03 08 11 12 14 18	14
062	02 13 16 17 20 31	07
063	02 10 17 19 24 27	12
064	05 10 11 16 23 24	11
065	08 10 18 19 27 31	14
066	01 02 09 26 29 33	12
067	04 05 10 21 26 30	16

续表

期号	开奖号码（红球）	开奖号码（蓝球）
068	05 17 22 26 32 33	10
069	08 10 11 18 20 29	06
070	02 03 04 24 31 32	11
071	03 04 19 21 22 23	08
072	02 03 07 09 13 30	06
073	04 07 09 10 17 27	05
074	15 16 18 19 28 32	08
075	04 06 22 23 29 32	11
076	11 18 22 27 29 30	15
077	02 04 13 18 26 28	12
078	08 15 22 24 28 33	12
079	06 07 12 24 30 33	12
080	04 09 14 15 16 27	03
081	02 05 10 24 25 29	06
082	02 04 11 18 22 29	06
083	04 09 14 15 26 33	04
084	02 10 20 26 28 29	14
085	05 17 24 30 31 33	05
086	08 09 13 15 22 23	08
087	03 10 11 13 14 22	09
088	03 05 23 24 27 31	15
089	03 07 10 13 14 25	11
090	02 13 20 25 29 30	11
091	01 05 07 08 19 21	16
092	06 13 17 18 28 32	03
093	03 05 19 21 24 33	13
094	06 09 14 16 23 33	15
095	17 24 27 28 29 30	02
096	04 07 11 16 29 33	07
097	05 08 13 14 19 22	06
098	02 12 19 26 29 31	09
099	08 12 15 16 21 27	16
100	05 07 15 18 25 33	10
101	09 12 17 18 20 33	02
102	13 25 27 28 29 30	15
103	04 09 11 14 32 33	02
104	04 05 09 10 19 28	03

续表

期号	开奖号码（红球）	开奖号码（蓝球）
105	06 13 14 15 17 30	04
106	13 14 20 22 23 32	16
107	11 12 15 24 25 31	09
108	01 09 12 13 19 28	13
109	02 12 24 26 29 31	03
110	03 07 10 13 22 32	09
111	02 09 10 20 22 31	13
112	08 15 20 21 27 31	06
113	03 06 09 13 18 32	06
114	01 06 11 26 27 29	15
115	03 08 20 24 26 32	14
116	03 21 26 29 31 32	03
117	13 15 18 20 24 28	09
118	05 06 07 12 15 28	11
119	12 20 25 26 27 28	13
120	01 04 20 24 28 29	16
121	01 07 08 20 23 24	11
122	12 13 19 22 28 29	11
123	08 10 16 25 28 33	09
124	06 07 21 25 27 33	11
125	08 12 13 26 29 33	01
126	03 05 12 15 23 24	07
127	01 09 11 21 26 32	08
128	05 09 12 29 30 31	05
129	01 07 09 17 21 29	01
130	01 03 15 20 22 31	03
131	06 18 19 26 28 32	12
132	07 12 16 17 21 25	10
133	01 08 11 20 21 29	02
134	02 05 06 07 13 23	15
135	02 05 07 08 11 17	16
136	02 07 08 17 21 28	11
137	01 02 04 06 13 17	07
138	01 07 16 17 19 21	14
139	08 19 21 24 28 31	15
140	14 18 27 30 31 33	15
141	03 05 08 19 20 27	09

续表

期号	开奖号码（红球）	开奖号码（蓝球）
142	05 18 22 28 29 31	06
143	07 08 18 25 30 32	06
144	03 10 12 13 27 30	04
145	05 20 26 27 28 33	03
146	01 05 07 13 29 32	13
147	02 12 15 23 24 32	09
148	03 06 11 17 21 31	07
149	01 05 13 25 26 32	13
150	09 11 17 23 24 26	07
151	05 14 24 25 26 32	01
152	10 12 18 22 28 29	07
153	04 05 11 21 27 28	10
154	05 07 12 16 28 32	04
2013/001	06 08 14 15 24 25	06
002	01 16 18 22 28 30	12
003	22 23 26 27 28 33	09
004	06 10 16 20 27 32	08
005	01 13 14 25 31 32	12
006	09 10 13 17 22 30	13
007	02 09 15 22 26 32	01
008	03 08 17 21 25 32	15
009	01 04 09 13 16 23	02
010	01 09 11 17 32 33	12
011	03 12 17 24 27 29	09
012	06 14 17 22 28 29	02
013	05 06 13 19 22 28	09
014	02 04 05 17 19 20	08
015	05 06 07 11 13 18	15
016	02 05 06 12 14 28	05
017	04 06 12 30 31 32	09
018	02 08 13 28 29 30	05
019	01 02 05 16 20 26	06
020	01 07 08 12 16 21	01
021	01 06 17 19 26 31	11
022	02 04 07 09 15 20	07
023	03 06 15 18 30 32	05
024	04 05 13 23 27 30	09

续表

期号	开奖号码（红球）	开奖号码（蓝球）
025	16 17 18 24 25 30	08
026	04 11 14 15 22 31	11
027	01 02 04 12 21 24	12
028	07 08 14 25 26 28	13
029	06 07 10 19 23 29	12
030	07 14 18 25 26 29	06
031	03 13 14 15 21 33	03
032	04 21 25 29 30 33	03
033	05 06 13 17 19 28	01
034	06 15 20 22 26 33	09
035	01 14 15 17 26 30	02
036	04 05 09 27 29 31	13
037	02 15 18 27 28 32	14
038	09 10 12 14 15 19	11
039	01 02 14 15 24 29	06
040	02 04 10 12 17 30	10
041	02 10 12 17 23 24	05
042	01 08 12 13 15 33	03
043	03 06 14 15 17 25	16
044	03 05 11 18 26 28	06
045	06 07 08 14 23 31	12
046	03 16 19 20 24 26	06
047	01 08 11 17 27 30	12
048	10 13 17 28 30 32	04
049	10 13 14 16 21 32	14
050	03 07 13 18 22 25	03
051	08 12 15 19 28 29	02
052	06 07 14 21 22 24	13
053	03 12 13 22 30 33	14
054	03 04 08 14 21 28	14
055	08 18 19 22 27 32	06
056	03 12 25 26 28 29	16
057	13 16 19 23 26 28	05
058	08 11 17 21 23 24	05
059	03 10 18 24 27 29	09
060	05 07 10 13 19 20	15
061	05 06 07 12 13 18	12

续表

期号	开奖号码（红球）	开奖号码（蓝球）
062	01 06 07 19 22 27	02
063	10 15 18 20 23 31	12
064	01 09 13 22 25 32	12
065	07 18 19 23 29 30	02
066	01 03 16 17 20 32	07
067	01 04 09 15 22 30	06
068	02 07 13 20 25 27	06
069	07 16 17 18 30 33	06
070	02 03 09 10 28 30	06
071	05 12 21 23 26 28	09
072	02 08 11 14 19 33	09
073	02 09 13 17 20 28	11
074	03 06 08 14 19 32	03
075	04 06 09 25 30 33	14
076	14 23 24 26 29 30	03
077	09 14 23 24 26 29	03
078	03 05 17 18 26 27	15
079	07 13 17 19 22 26	13
080	10 11 12 23 28 32	16
081	01 04 10 13 21 31	13
082	04 13 14 20 22 30	06
083	05 06 12 14 19 23	09
084	05 07 09 11 20 21	03
085	02 08 12 14 16 32	16
086	02 04 11 13 16 26	11
087	02 13 19 23 24 28	05
088	09 15 20 21 22 24	14
089	04 08 12 19 21 25	13
090	02 05 11 23 24 29	08
091	04 14 24 25 28 31	10
092	07 11 15 21 26 31	06
093	01 02 08 26 29 31	14
094	02 04 14 18 20 22	07
095	01 06 15 19 28 29	10
096	01 02 22 28 29 30	15
097	05 14 17 22 23 25	07
098	07 15 18 19 20 26	14

续表

期号	开奖号码（红球）	开奖号码（蓝球）
099	05 11 20 21 26 31	03
100	04 08 11 14 16 20	11
101	05 07 09 23 27 32	01
102	02 04 05 06 08 16	03
103	02 04 09 13 18 20	07
104	01 02 04 15 17 28	11
105	01 11 23 27 31 32	09
106	09 11 23 30 31 32	06
107	07 09 11 17 28 31	11
108	16 21 22 28 31 32	05
109	09 23 24 27 29 32	08
110	15 17 18 21 29 32	13
111	01 02 03 06 08 33	13
112	01 06 12 13 22 31	07
113	04 07 11 17 24 33	09
114	04 06 17 21 23 33	07
115	03 12 16 17 18 27	08
116	12 15 21 26 32 33	07
117	09 12 13 24 27 33	16
118	02 03 17 22 32 33	16
119	05 15 20 22 26 32	09
120	05 06 13 18 23 31	11
121	04 05 06 07 25 27	07
122	07 10 13 15 26 27	11
123	01 02 06 11 17 25	02
124	03 09 15 23 25 30	07
125	04 06 08 18 25 28	16
126	04 10 19 27 31 33	16
127	02 03 13 20 22 33	14
128	07 13 17 19 25 31	08
129	05 06 10 14 27 31	14
130	01 03 15 16 31 33	08
131	04 06 12 17 19 26	09
132	20 21 22 23 25 27	12
133	04 07 12 19 22 25	01
134	01 17 18 19 25 29	10
135	09 23 24 25 29 31	12

续表

期号	开奖号码（红球）	开奖号码（蓝球）
136	04 06 14 16 18 26	06
137	04 17 19 23 24 27	10
138	04 15 16 24 27 28	03
139	07 08 11 13 21 27	08
140	01 05 12 13 21 22	10
141	03 04 05 25 30 31	04
142	11 12 14 20 22 29	14
143	12 18 21 22 27 32	11
144	05 07 12 19 27 31	02
145	06 10 13 16 23 24	15
146	08 20 25 30 32 33	01
147	02 15 16 17 19 30	08
148	06 11 12 14 17 22	01
149	09 18 25 26 30 32	11
150	01 15 16 25 26 29	10
151	03 09 10 19 28 33	09
152	04 06 14 16 18 29	05
153	08 11 13 18 28 33	10
154	07 11 14 19 24 29	05
2014/001	03 09 15 20 27 29	01
002	04 21 23 31 32 33	04
003	06 10 11 28 30 33	12
004	01 04 19 22 24 25	15
005	15 18 23 27 32 33	04
006	03 04 07 17 21 27	14
007	08 10 12 14 18 28	14
008	05 14 16 21 29 30	12
009	08 09 19 20 25 32	16
010	05 07 08 20 31 33	11
011	09 10 13 14 21 32	02
012	01 08 11 19 21 24	08
013	05 09 13 15 17 21	13
014	04 09 19 22 25 29	15
015	02 11 19 30 32 33	09
016	02 03 07 13 21 24	08
017	04 06 07 14 25 26	10
018	13 17 18 21 30 33	15

续表

期号	开奖号码（红球）	开奖号码（蓝球）
019	02 10 15 19 20 21	07
020	09 14 17 23 24 25	15
021	08 10 15 17 22 29	12
022	04 06 07 10 21 26	16
023	07 09 13 17 21 22	10
024	08 10 16 20 23 30	09
025	01 05 10 14 16 30	16
026	01 02 05 06 11 23	14
027	08 10 14 16 30 31	01
028	06 16 21 27 30 32	05
029	02 07 14 16 21 29	14
030	12 18 19 23 24 30	10
031	04 10 16 17 21 27	14
032	01 02 14 22 29 33	07
033	05 13 23 28 32 33	12
034	01 03 04 08 25 31	06
035	07 08 09 17 32 33	06
036	01 07 08 09 11 22	03
037	06 13 14 24 25 30	07
038	04 07 22 23 24 33	16
039	03 11 15 19 20 31	07
040	03 04 06 11 12 15	08
041	07 11 16 18 21 22	02
042	12 15 20 25 28 33	14
043	02 05 09 14 24 33	09
044	04 09 21 27 28 33	12
045	02 04 09 11 19 22	15
046	02 10 11 17 18 22	10
047	08 10 11 12 19 29	15
048	06 09 16 17 24 25	16
049	06 07 16 17 23 32	06
050	03 17 23 25 26 32	13
051	10 16 19 21 23 24	13
052	09 13 15 28 30 33	08
053	14 17 19 22 26 31	02
054	01 04 05 11 29 30	14
055	02 09 14 19 21 30	04

续表

期号	开奖号码（红球）	开奖号码（蓝球）
056	01 11 18 20 28 29	01
057	02 04 12 18 23 31	08
058	02 03 12 13 14 25	11
059	05 08 12 13 23 25	13
060	03 05 14 18 25 33	06
061	02 14 17 27 28 31	08
062	06 09 15 24 25 26	09
063	03 08 17 21 22 31	16
064	02 09 15 16 29 32	14
065	03 04 05 08 10 22	06
066	02 05 15 17 18 21	16
067	01 06 07 17 18 23	06
068	04 12 13 22 27 29	16
069	05 12 17 19 25 30	11
070	01 07 09 19 28 29	07
071	02 04 12 17 22 25	14
072	01 03 07 13 19 32	16
073	01 12 16 20 30 33	02
074	01 03 06 13 30 31	12
075	03 09 11 22 27 29	06
076	06 10 12 17 18 33	11
077	08 09 12 15 19 22	10
078	02 03 05 06 09 17	07
079	02 07 16 22 27 28	02
080	05 14 16 17 25 30	07
081	08 14 22 24 27 29	10
082	02 04 20 25 26 29	11
083	05 06 19 21 23 33	12
084	01 06 09 10 13 25	08
085	01 02 11 19 23 29	08
086	02 04 10 12 14 30	08
087	06 18 22 23 32 33	06
088	03 06 11 14 16 29	15
089	04 06 14 17 27 30	09
090	05 09 11 19 24 32	13
091	01 05 12 19 27 29	14
092	03 13 18 19 22 26	07

续表

期号	开奖号码（红球）	开奖号码（蓝球）
093	02 08 09 10 20 29	05
094	01 10 18 20 23 29	01
095	05 06 08 14 22 31	08
096	12 14 17 19 22 24	08
097	07 13 24 25 27 32	15
098	02 13 17 20 29 31	07
099	01 05 10 11 13 32	14
100	01 06 09 10 14 16	11
101	16 18 20 23 24 32	07
102	14 16 21 24 28 31	13
103	03 08 09 10 18 33	04
104	02 06 12 19 27 28	13
105	14 16 17 19 27 32	04
106	09 14 17 18 21 25	15
107	11 14 17 22 25 27	16
108	03 08 09 20 23 28	02
109	02 05 11 15 19 28	02
110	01 08 11 13 19 30	06
111	02 08 17 20 22 28	02
112	01 15 16 21 24 30	03
113	12 14 28 31 32 33	07
114	02 07 23 30 32 33	10
115	01 09 10 11 13 32	03
116	09 10 14 15 19 29	16
117	05 10 17 25 28 29	04
118	05 07 15 18 26 30	03
119	06 13 17 20 26 29	09
120	01 07 12 16 23 28	04
121	01 02 13 22 28 30	09
122	06 09 11 16 20 29	11
123	01 06 11 17 28 33	05
124	02 17 20 24 31 33	04
125	10 11 15 26 31 32	06
126	06 11 16 17 22 27	01
127	02 10 12 21 23 27	12
128	05 07 08 17 18 24	14
129	05 08 09 20 28 32	02

续表

期号	开奖号码（红球）	开奖号码（蓝球）
130	01 02 10 24 30 33	10
131	05 17 21 22 28 32	14
132	05 06 14 15 18 33	08
133	13 14 16 23 30 31	13
134	05 16 22 23 26 28	02
135	02 04 11 13 25 33	01
136	03 16 19 27 31 32	10
137	03 06 09 11 25 29	09
138	04 06 13 29 31 33	13
139	01 14 15 20 25 29	11
140	06 10 11 14 17 33	06
141	08 09 11 16 21 24	10
142	06 21 22 23 25 28	13
143	03 12 18 20 25 26	16
144	03 05 06 09 10 27	14 15
145	10 12 13 23 26 29	11 13
146	01 06 13 20 29 32	01 02
147	06 07 22 26 31 32	10 07
148	01 02 05 12 15 16	13 01
149	07 09 10 15 19 33	01 05
150	03 08 14 22 24 32	09 14
151	04 05 08 11 21 27	08 01
152	08 13 15 20 21 25	12 02
2015/001	01 07 09 16 20 23	06 01
002	07 15 16 25 28 32	05 08
003	10 15 20 23 24 31	15 11
004	02 14 15 16 23 24	10 04
005	07 10 16 17 18 32	15 01
006	01 10 11 29 31 33	13 09
007	01 07 09 17 20 33	08 07
008	04 07 10 16 20 22	03 16
009	04 07 14 17 21 25	14 13
010	01 02 03 08 21 31	09 05
011	04 14 15 17 18 20	15 12
012	03 05 22 23 29 31	06
013	08 09 24 25 26 29	01
014	02 12 16 19 27 30	11

续表

期号	开奖号码（红球）	开奖号码（蓝球）
015	01 07 20 24 25 33	04
016	02 06 10 15 17 31	13
017	13 18 20 25 27 33	12
018	06 09 12 14 28 29	09
019	02 06 11 19 25 26	04
020	01 04 07 19 22 23	04
021	14 15 16 17 27 28	08
022	04 07 10 16 23 25	10
023	08 09 10 13 29 30	01
024	09 11 16 18 23 24	10
025	10 11 12 15 27 32	14
026	02 13 17 21 22 33	13
027	05 07 09 16 26 29	07
028	04 07 10 26 27 28	14
029	07 14 15 19 21 28	07
030	08 11 14 15 16 26	07
031	01 05 07 22 26 32	11
032	11 14 16 18 29 32	16
033	03 06 21 29 31 32	05
034	12 13 17 18 20 27	13
035	01 08 09 22 24 33	03
036	04 06 16 17 26 33	03
037	05 07 12 18 28 31	03
038	05 06 11 12 14 33	14
039	01 13 15 26 29 30	12
040	13 16 18 27 30 32	16
041	04 09 11 17 21 25	06
042	09 10 19 21 23 32	08
043	11 12 15 24 26 27	15
044	02 03 04 13 14 16	02
045	01 05 13 22 30 31	07
046	05 07 10 14 23 31	01
047	02 03 20 24 26 27	09
048	13 16 17 22 25 27	10
049	07 12 14 17 20 23	05
050	03 09 12 16 17 31	04
051	04 10 24 26 28 32	09

续表

期号	开奖号码（红球）	开奖号码（蓝球）
052	02 04 11 16 25 26	12
053	03 07 17 22 32 33	10
054	01 02 07 10 22 26	07
055	01 10 15 18 19 28	02
056	01 07 08 16 18 20	14
057	09 20 24 25 26 32	04
058	02 09 10 18 19 20	15
059	02 06 09 16 25 32	14
060	01 03 18 27 31 32	13
061	06 18 22 26 32 33	04
062	09 14 15 18 21 26	16
063	01 07 09 16 22 32	12
064	11 12 14 17 23 27	01
065	08 10 14 19 26 29	12
066	05 08 11 17 24 28	16
067	02 05 08 24 25 31	14
068	06 15 18 21 26 27	10
069	01 13 17 18 23 30	15
070	01 07 13 19 21 29	15
071	08 18 20 28 29 31	08
072	01 03 05 20 21 31	05
073	01 02 17 22 26 27	04
074	04 07 21 25 26 29	08
075	06 11 13 19 21 32	04
076	01 09 10 19 23 27	09
077	01 06 08 10 13 27	16
078	03 07 20 22 26 29	02
079	09 14 15 20 26 32	11
080	14 17 25 27 28 30	02
081	13 20 22 26 28 31	13
082	02 08 09 14 28 30	07
083	06 07 16 18 29 32	05
084	15 18 20 22 28 29	15
085	02 08 25 27 28 29	05
086	05 06 08 16 18 22	12
087	09 15 16 19 20 28	11
088	02 12 20 24 29 31	09

续表

期号	开奖号码（红球）	开奖号码（蓝球）
089	12 14 19 27 28 29	01
090	10 12 14 22 25 33	15
091	05 07 17 19 22 31	11
092	09 15 19 21 26 27	01
093	01 03 13 21 25 31	08
094	01 04 06 13 16 17	10
095	04 15 21 28 30 31	04
096	06 16 17 23 24 31	07
097	09 12 14 20 26 27	04
098	06 09 13 26 27 33	01
099	06 07 10 11 14 22	09
100	02 03 11 17 19 21	08
101	08 16 22 24 28 29	05
102	07 09 12 14 21 23	06
103	06 08 13 26 30 32	14
104	09 18 21 23 25 26	01
105	09 10 16 19 20 26	12
106	01 03 04 23 31 32	13
107	07 14 16 18 21 25	08
108	02 12 19 22 24 27	15
109	01 08 09 16 32 33	13
110	05 07 16 17 22 23	04
111	08 14 16 18 20 30	12
112	01 03 10 19 20 27	11
113	01 05 07 08 19 27	12
114	04 07 09 13 21 26	01
115	01 07 08 14 24 32	03
116	04 06 15 23 26 28	11
117	04 11 12 18 26 32	12
118	01 04 11 21 23 31	12
119	02 08 10 18 23 31	08
120	16 21 24 26 27 29	16
121	01 03 20 21 28 29	12
122	05 07 11 16 22 25	07
123	05 08 09 12 22 28	07
124	02 03 05 12 18 27	01
125	05 13 22 27 30 33	10

续表

期号	开奖号码（红球）	开奖号码（蓝球）
126	10 11 15 20 23 29	12
127	07 10 19 22 27 33	06
128	01 03 08 11 22 28	06
129	05 08 11 16 18 27	04
130	06 14 15 16 17 22	10
131	10 12 13 19 22 26	03
132	03 05 11 28 30 33	01
133	02 03 13 20 22 24	15
134	02 05 14 19 27 31	04
135	01 12 14 18 26 32	07
136	02 05 12 23 28 29	01
137	14 22 23 27 28 31	12
138	01 02 08 16 19 24	11
139	01 10 13 18 25 27	09
140	06 20 28 29 30 31	12
141	03 08 19 25 27 28	02
142	13 17 19 20 22 25	11
143	13 15 19 20 21 32	04
144	01 04 07 15 28 32	16
145	07 08 15 19 20 24	13
146	16 17 21 28 30 32	15
147	08 09 16 23 24 30	05
148	09 13 14 22 26 27	07
149	09 10 20 21 22 33	09
150	01 03 08 11 29 31	13
151	05 06 08 23 31 32	11
152	11 18 19 21 29 32	12
153	08 11 15 22 27 29	03
154	07 09 11 15 18 25	07
2016/001	06 13 16 18 20 22	13
002	09 14 17 20 24 30	16
003	01 10 14 23 26 28	01
004	08 10 17 22 25 33	12
005	11 14 18 20 31 33	14
（空白表格）006		
007		
008		

续表

期号	开奖号码（红球）	开奖号码（蓝球）
009		
010		
011		
012		
013		
014		
015		
016		
017		
018		
019		
020		
021		
022		
023		
024		
025		
026		
027		
028		
029		
030		
031		
032		
033		
034		
035		
036		
037		
038		
039		
040		
041		
042		
043		
044		
045		

续表

期号	开奖号码（红球）	开奖号码（蓝球）
046		
047		
048		
049		
050		
051		
052		
053		
054		
055		
056		
057		
058		
059		
060		
061		
062		
063		
064		
065		
066		
067		
068		
069		
070		
071		
072		
073		
074		
075		
076		
077		
078		
079		
080		
081		
082		

续表

期号	开奖号码（红球）	开奖号码（蓝球）
083		
084		
085		
086		
087		
088		
089		
090		
091		
092		
093		
094		
095		
096		
097		
098		
099		
100		
101		
102		
103		
104		
105		
106		
107		
108		
109		
110		
111		
112		
113		
114		
115		
116		
117		
118		
119		

续表

期号	开奖号码（红球）	开奖号码（蓝球）
120		
121		
122		
123		
124		
125		
126		
127		
128		
129		
130		
131		
132		
133		
134		
135		
136		
137		
138		
139		
140		
141		
142		
143		
144		
145		
146		
147		
148		
149		
150		
151		
152		
153		
2017/001		
002		
003		

续表

期号	开奖号码（红球）	开奖号码（蓝球）
004		
005		
006		
007		
008		
009		
010		
011		
012		
013		
014		
015		
016		
017		
018		
019		
020		
021		
022		
023		
024		
025		
026		
027		
028		
029		
030		
031		
032		
033		
034		
035		
036		
037		
038		
039		
040		

续表

期号	开奖号码（红球）	开奖号码（蓝球）
041		
042		
043		
044		
045		
046		
047		
048		
049		
050		
051		
052		
053		
054		
055		
056		
057		
058		
059		
060		
061		
062		
063		
064		
065		
066		
067		
068		
069		
070		
071		
072		
073		
074		
075		
076		
077		

续表

期号	开奖号码（红球）	开奖号码（蓝球）
078		
079		
080		
081		
082		
083		
084		
085		
086		
087		
088		
089		
090		
091		
092		
093		
094		
095		
096		
097		
098		
099		
100		
101		
102		
103		
104		
105		
106		
107		
108		
109		
110		
111		
112		
113		
114		

续表

期号	开奖号码（红球）	开奖号码（蓝球）
115		
116		
117		
118		
119		
120		
121		
122		
123		
124		
125		
126		
127		
128		
129		
130		
131		
132		
133		
134		
135		
136		
137		
138		
139		
140		
141		
142		
143		
144		
145		
146		
147		
148		
149		
150		
151		

续表

期号	开奖号码（红球）	开奖号码（蓝球）
152		
153		
2018/001		
002		
003		
004		
005		
006		
007		
008		
009		
010		
011		
012		
013		
014		
015		
016		
017		
018		
019		
020		
021		
022		
023		
024		
025		
026		
027		
028		
029		
030		
031		
032		
033		
034		
035		

续表

期号	开奖号码（红球）	开奖号码（蓝球）
036		
037		
038		
039		
040		
041		
042		
043		
044		
045		
046		
047		
048		
049		
050		
051		
052		
053		
054		
055		
056		
057		
058		
059		
060		
061		
062		
063		
064		
065		
066		
067		
068		
069		
070		
071		
072		

续表

期号	开奖号码（红球）	开奖号码（蓝球）
073		
074		
075		
076		
077		
078		
079		
080		
081		
082		
083		
084		
085		
086		
087		
088		
089		
090		
091		
092		
093		
094		
095		
096		
097		
098		
099		
100		
101		
102		
103		
104		
105		
106		
107		
108		
109		
110		
111		

每章归纳

本章主要为历史开奖记录。因为双色球喜欢从同期历史记录中开出奖号,为了方便彩民查询,故总结于此。

第四章 大底围红及杀号定胆

第一节 大底围红

有了科学的方法,怎样才能更进一步提高中奖率呢?那就是围红大底。

20 码围红,其中含 6 个中奖号码,再利用科学的方法进行杀号、定胆。大奖将指日可待。

一、隔期围红法

隔期围红定义:在开奖历史中间隔一期,选择 8 期的号码,作为备选号码。

例如:围红 2015151 期。

隔一期,2015149~2015139 期的号码(隔 2015150 期)。

整合号码为:

09 10 20 21 22

33 13 14 26 27

08 16 23 24 30

17 28 32 07 15

19 01 04 03 25

06 29 31 18

2015151 期 开出 05、06、08、23、31、32，围红 06、08、23、31、32 正确。轻松杀掉四码。29 码围红，正确五红。

二、同期历史号码围红法

同期历史号码围红定义：用每一年的同期号码进行围红。

例如：围红 2015151 期。

05151 期、06151 期、07151 期、08151 期、09151 期、10151 期、11151 期、12151 期、13151 期、14151 期。

整合号码为：

01 03 04 06 16

22 10 11 23 25

08 14 17 19 30

02 13 26 07 31

33 05 24 32 09

28 21 27

2015151 期开出 05、06、08、23、31、32，围红 05、06、08、23、31、32 正确。轻松杀掉五码。28 码围红，正确六红。

三、11 期围红法

11 期选号法定义：从最近开出的一期向前数 11 期，这 11 期为围红码。

例如：围红 2015151 期。

2015150~2015140 期整合号码：

01 03 08 11 29 31

09 10 20 21 22 33

13 14 26 27 16 23

24 30 17 28 32 07

15 19 04 25 06

2015151 期开出 05、06、08、23、31、32，围红 06、08、23、31、32 正确。轻松杀掉四码。29 码围红，正确五红。

小节归纳

本节以定大底为重点，主看历史同期、隔期围红法。11 期围红，命中率高，可是号码多，不便于选择。

第二节 红球瘦身大法

要玩彩票，就要选号，双色球 33 选 6，七乐彩 30 选 7，大乐透 35 选 5，还有 11 选 5，数字太多了，很多彩民会选择杀号，为号码"瘦身"。

杀号说起来简单，但是号码越少的时候越杀不准，总是全军覆没，这可如何是好？有没有可以提高杀号准确率方法呢？答案是肯定的！有。

一、走势图：图形杀号法

例 1：杀 15114 期号码。

15112 期：<u>01 03</u> 10 <u>19 20</u> 27

15113 期：<u>01</u> 05 07 08 <u>19</u> 27

15114 期杀号：01 03 19 20（几何图形：三角形杀号）

例 2：杀 15099 期号码。

15097 期：<u>09 12</u> 14 20 <u>26 27</u>

15098 期：06 <u>09</u> 13 <u>26 27</u> 33

15099 期杀号：09 12 26 27（几何图形：矩形、三角形杀号）

例 3：杀 15140 期号码。

15138 期：01 <u>02</u> 08 16 19 24

15139 期：01 10 13 18 25 27

15140 期杀号：01 02 08 10 18 19（斜两连杀号）

注意：出号密集区慎用。

二、和值杀号法与拆分杀号法

和值杀号法：开奖 6 红分别单一相加（如：25，拆分为 2+5=7），拆分相加的值，再进行相加，大于 33，减去 33。

例如，15141 期开奖号码：03、08、19、25、27、28。

六红拆分相加：0+3=3，0+8=8，1+9=10，2+5=7，2+8=10。

再将所算得数相加：3+8+10+7+10=38，大于 33 减去 33，38－33=05。

15142 期开奖结果：13、17、19、20、22、25，杀号正确。

拆分杀号法：开奖号码总和，拆分再次相加所得的值为下期杀号。

例如，15141 期开奖号码：03、08、19、25、27、28。

03+08+19+25+27+28=110，所得的数值拆分再次相加：1+1+0=2。

15142 期开奖结果：13、17、19、20、22、25，杀号正确。

三、公式杀号

（一）蓝号杀下期红球

表 4-1　蓝号杀下期红球

期号	开奖号	蓝号杀下期红号	正确与否
141	03 08 19 25 27 28+02	02	正确
142	13 17 19 20 22 25+11	11	正确
143	13 15 19 20 21 32+04	04	错误
144	01 04 07 15 28 32+16	16	正确
145	07 08 15 19 20 24+13	13	正确
146	16 17 21 28 30 32+15	15	正确
147	08 09 16 23 24 30+05	05	正确
148	09 13 14 22 26 27+07	07	正确
149	09 10 20 21 22 33+09	09	正确
150	01 03 08 11 29 31+13	13	?

（二）AC 值杀下期红球

表 4-2　AC 值杀下期红球

期号	开奖号	AC 值杀红号	正确与否
141	03 08 19 25 27 28+02	10	正确
142	13 17 19 20 22 25+11	5	正确
143	13 15 19 20 21 32+04	7	错误
144	01 04 07 15 28 32+16	9	正确
145	07 08 15 19 20 24+13	6	正确
146	16 17 21 28 30 32+15	7	正确
147	08 09 16 23 24 30+05	4	正确
148	09 13 14 22 26 27+07	5	正确
149	09 10 20 21 22 33+09	3	错误
150	01 03 08 11 29 31+13	8	?

（三）蓝球＋AC 值＝杀红

表 4-3　杀红（一）

期号	开奖号	AC 值+蓝号杀红	正确与否
141	03 08 19 25 27 28+02	10 + 2 = 12	正确
142	13 17 19 20 22 25+11	5 + 11 = 16	正确
143	13 15 19 20 21 32+04	7 + 4 = 11	正确
144	01 04 07 15 28 32+16	9 + 16 = 25	正确
145	07 08 15 19 20 24+13	6 + 13 = 19	正确
146	16 17 21 28 30 32+15	7 + 15 = 22	正确
147	08 09 16 23 24 30+05	4 + 5 = 9	错误
148	09 13 14 22 26 27+07	5 + 7 = 12	正确
149	09 10 20 21 22 33+09	3 + 9 = 12	正确
150	01 03 08 11 29 31+13	8 + 13 = 21	?

（四）红球尾数之和杀下期红球

表 4-4　红球尾数之和杀下期红球

期号	开奖号	红尾和杀红	正确与否
141	03 08 19 25 27 28+02	07	正确
142	13 17 19 20 22 25+11	26	正确
143	13 15 19 20 21 32+04	20	正确
144	01 04 07 15 28 32+16	27	正确

续表

期号	开奖号	红尾和杀红	正确与否
145	07 08 15 19 20 24+13	33	正确
146	16 17 21 28 30 32+15	24	错误
147	08 09 16 23 24 30+05	30	正确
148	09 13 14 22 26 27+07	31	正确
149	09 10 20 21 22 33+09	15	正确
150	01 03 08 11 29 31+13	23	?

(五) 蓝号+质数个数=杀红

红球中包含质数：1、2、3、5、7、11、13、17、19、23、29 和 31。

双色球中与质数对应的是合数码，合数码是除了自身还能被其他数整除的数。红球中包含合数：4、6、8、9、10、12、14、15、16、18、20、21、22、24、25、26、27、28、30、32、33。

表4-5 杀红（二）

期号	开奖号	蓝号+质数个数	正确与否
141	03 08 19 25 27 28+02	2 + 2 = 4	正确
142	13 17 19 20 22 25+11	11 + 3 = 14	正确
143	13 15 19 20 21 32+04	4 + 2 = 6	正确
144	01 04 07 15 28 32+16	16 + 2 = 18	正确
145	07 08 15 19 20 24+13	13 + 2 = 15	正确
146	16 17 21 28 30 32+15	15 + 1 = 16	错误
147	08 09 16 23 24 30+05	5 + 1 = 6	正确
148	09 13 14 22 26 27+07	7 + 1 = 8	正确
149	09 10 20 21 22 33+09	9 + 0 = 9	正确
150	01 03 08 11 29 31+13	13 + 5 = 18	?

(六) AC值×质数个数=杀红

表4-6 杀红（三）

期号	开奖号	AC值×质数个数	正确与否
141	03 08 19 25 27 28+02	10 × 2 = 20	错误
142	13 17 19 20 22 25+11	5 × 3 = 15	错误
143	13 15 19 20 21 32+04	7 × 2 = 14	正确
144	01 04 07 15 28 32+16	9 × 2 = 18	正确
145	07 08 15 19 20 24+13	6 × 2 = 12	正确

续表

期号	开奖号	AC值×质数个数	正确与否
146	16 17 21 28 30 32+15	7×1=7	正确
147	08 09 16 23 24 30+05	4×1=4	正确
148	09 13 14 22 26 27+07	5×1=5	正确
149	09 10 20 21 22 33+09	3×0=0	正确
150	01 03 08 11 29 31+13	8×5=40	?

（七）AC值+质数个数=杀红

表4-7　杀红（四）

期号	开奖号	AC值+质数个数	正确与否
141	03 08 19 25 27 28+02	10+2=12	正确
142	13 17 19 20 22 25+11	5+3=8	正确
143	13 15 19 20 21 32+04	7+2=9	正确
144	01 04 07 15 28 32+16	9+2=11	正确
145	07 08 15 19 20 24+13	6+2=8	正确
146	16 17 21 28 30 32+15	7+1=8	错误
147	08 09 16 23 24 30+05	4+1=5	正确
148	09 13 14 22 26 27+07	5+1=6	正确
149	09 10 20 21 22 33+09	3+0=3	错误
150	01 03 08 11 29 31+13	8+5=13	?

（八）红号第一位对称码杀红

对称码：以34为基本数，相互对称的两个号之和为34，例如10的对称码是24，18的对称码是16。

表4-8　杀红（五）

期号	开奖号	第一位对称码	正确与否
141	03 08 19 25 27 28+02	03—31	正确
142	13 17 19 20 22 25+11	13—21	错误
143	13 15 19 20 21 32+04	13—21	正确
144	01 04 07 15 28 32+16	01—33	正确
145	07 08 15 19 20 24+13	07—27	正确
146	16 17 21 28 30 32+15	16—18	正确
147	08 09 16 23 24 30+05	08—26	错误
148	09 13 14 22 26 27+07	09—25	正确
149	09 10 20 21 22 33+09	09—25	正确
150	01 03 08 11 29 31+13	01—33	?

（九）AC值-红号第六位=杀红（取绝对值）

表4-9 杀红（六）

期号	开奖号	AC值-红六位	正确与否
141	03 08 19 25 27 28+02	10 – 28 = – 18	正确
142	13 17 19 20 22 25+11	5 – 25 = – 20	错误
143	13 15 19 20 21 32+04	7 – 32 = – 25	正确
144	01 04 07 15 28 32+16	9 – 32 = – 23	正确
145	07 08 15 19 20 24+13	6 – 24 = – 18	正确
146	16 17 21 28 30 32+15	7 – 32 = – 25	错误
147	08 09 16 23 24 30+05	4 – 30 = – 26	错误
148	09 13 14 22 26 27+07	5 – 27 = – 22	错误
149	09 10 20 21 22 33+09	3 – 33 = – 30	正确
150	01 03 08 11 29 31+13	8 – 31 = – 23	?

（十）蓝号-红号第一、第六位，杀红

第144期开 01 04 07 15 28 32+16，16蓝号-01红一=15，16蓝号-32红六=-16。

第145期开 07 08 15 19 20 24+13，错一对一。

（十一）蓝号+AC值+质数个数，杀红

表4-10 杀红（七）

期号	开奖号	蓝号+AC值+质数个数	正确与否
141	03 08 19 25 27 28+02	02 + 10 + 2 = 14	正确
142	13 17 19 20 22 25+11	11 + 5 + 3 = 19	错误
143	13 15 19 20 21 32+04	04 + 7 + 2 = 13	正确
144	01 04 07 15 28 32+16	16 + 9 + 2 = 27	正确
145	07 08 15 19 20 24+13	13 + 6 + 2 = 21	错误
146	16 17 21 28 30 32+15	15 + 7 + 1 = 23	错误
147	08 09 16 23 24 30+05	05 + 4 + 1 = 10	正确
148	09 13 14 22 26 27+07	07 + 5 + 1 = 13	正确
149	09 10 20 21 22 33+09	09 + 3 + 0 = 12	正确
150	01 03 08 11 29 31+13	13 + 8 + 5 = 26	?

（十二）红球第三位对称码+7=杀红

表 4-11　杀红（八）

期号	开奖号	红3位对称码+7	正确与否
141	03 08 19 25 27 28+02	15＋7＝22	错误
142	13 17 19 20 22 25+11	15＋7＝22	正确
143	13 15 19 20 21 32+04	15＋7＝22	正确
144	01 04 07 15 28 32+16	27＋7＝34	正确
145	07 08 15 19 20 24+13	19＋7＝26	正确
146	16 17 21 28 30 32+15	13＋7＝20	正确
147	08 09 16 23 24 30+05	18＋7＝25	正确
148	09 13 14 22 26 27+07	20＋7＝27	正确
149	09 10 20 21 22 33+09	14＋7＝21	正确
150	01 03 08 11 29 31+13	26＋7＝33	？

四、降龙十八掌

将六个号码从小到大排列，用 A、B、C、D、E、F 代替。以杀 15140 期为例。

第一掌：

15138 期中奖号码是：01、02、08、16、19、24+11。

15139 期中奖号码是：01、10、13、18、25、27+09。

第二掌：用上期（A+B）得出的号码就是下期要杀的号。我们用 A+B 即 01+10＝11，11 就是下期要杀的号，下期开出的号码没有 11，杀号正确。

第三掌：用（B−A）杀下期号码。即 10−01＝09，09 就是下期要杀的号，下期开出的号码没有 09，杀号正确。

第四掌：用（D+A）杀下期号码（得出的号码如果大于 33 就减去 33，余数就是下期要杀的号。下面公式如果相加大于 33 的也用同样减去 33 得出的数就是要杀的号。下同）。即 18+01＝19，19 在下期没有出现，杀号正确。

第五掌：用（E−C）杀下期号码。即 25−13＝12，下期开出的号码没有 12，杀号正确。

第六掌：用（F−B+1）杀下期号码。即 27−10+1＝18，下期开出的号码没有 18，杀号正确。

第七掌：用（F-B+10）杀下期号码。即27-10+10=27，下期开出的号码没有27，杀号正确。

第八掌：用（D-A+7）杀下期号码。即18-01+7=24，下期开出的号码没有24，杀号正确。

第九掌：用（A+12）杀下期号码。即01+12=13，下期开出的号码没有13，杀号正确。

第十掌：用（F-A）杀下期号码。即27-01=26，下期开出的号码没有26，杀号正确。

第十一掌：用（F+蓝球）大于33，减去33杀下期号码。即27+09-33=03，下期开出的号码没有03，杀号正确。

第十二掌：用（A+B+C）/3取整数，杀下期号码。即（01+10+13）/3=08，下期开出的号码没有08，杀号正确。

第十三掌：用（B+C+D+E+蓝球）/6取整数，杀下期号码。即（10+13+18+25+09）/6=12，下期开出的号码没有12，杀号正确。

第十四掌：用（C+D+E+F）/4取整数，杀下期号码。即（13+18+25+27）/4=20，下期开出的号码有20，杀号错误。

第十五掌：用（B+蓝球）杀下期号码。即10+09=19，下期开出的号码没有19，杀号正确。

第十六掌：用（B+C）杀下期号码。即10+13=23，下期开出的号码没有23，杀号正确。

第十七掌：用（E-D+10）杀下期号码。即25-18+10=17，下期开出的号码没有17，杀号正确。

第十八掌：用上上期的（B+F+1）得出的数就是下期要杀的号码。即02+24+1=27，下期开出的号码没有27，杀号正确。

15140期中奖号码是：06、20、28、29、30、31+12。

第十四掌出现错误，其余都正确。

注：此验证真实。大家可以继续验证，在使用公式之前，首先检验前5期的正确情况，如果前一期验证出现错误，下一期正确的概率更高，还可以将出现两次以上的杀码绝杀。

小节归纳

本小节主讲杀号码的方法，值得注意的是，切勿胡用乱用，最好是通过前 5~10 期的验证，再决定使用。

第三节　蓝球瘦身大法

一、蓝球特性

双色球蓝球待选号码有 16 个，但是开奖号码只有 1 个，我们所面对的是 16 选 1 的"小盘彩"，中奖概率为 1/16。看似 16 选 1 比较简单，要想猜中也非易事。那么，我们就找其特征，寻其思路。

（一）余数特性

通过对 16 个蓝色球号码的余数计算，我们可以了解小除数的特征。

除 2 余 0：02、04、06、08、10、12、14、16（共八个号码）

除 2 余 1：01、03、05、07、09、11、13、15（共八个号码）

除 3 余 0：03、06、09、12、15（共五个号码）

除 3 余 1：01、04、07、10、13、16（共六个号码）

除 3 余 2：02、05、08、11、14（共五个号码）

除 4 余 0：04、08、12、16（共四个号码）

除 4 余 1：01、05、09、13（共四个号码）

除 4 余 2：02、06、10、14（共四个号码）

除 4 余 3：03、07、11、15（共四个号码）

除 5 余 0：05、10、15（共三个号码）

除 5 余 1：01、06、11、16（共四个号码）

除 5 余 2：02、07、12（共三个号码）

除 5 余 3：03、08、13（共三个号码）

除 5 余 4：04、09、14（共三个号码）

分析小数，一是考虑的余数特征较少，便于把握；二是余数特征对应的号码不多，便于选取。

以上小除数特征中，除 3 余数和除 4 余数是选号时要分析的重点。

我们可以通过小余数的特征观察走势遗漏现象。那么，选号时，蓝球正选号码连续两期出现同一除 5 余数的特征时，下期就应该考虑将这种余数所对应的号码排除在外。

（二）变异特性

将蓝球 16 个号码按照大小与奇偶的特征分组：

小奇数：01、03、05、07，大奇数：09、11、13、15

小偶数：02、04、06、08，大偶数：10、12、14、16

每组号码都是 4 个，所以按此种特征分析蓝球出号，可以结合概率等同，数值趋向均衡进行。

通过数据分析发现，蓝球号码经常出现大变小、小变大或是奇变偶、偶变奇的变异特征。

如：15141 期蓝球开奖号码是 02，该号码是小偶数，而 15142 期蓝球开奖号码是 11，该数是大奇数。可以看得出，大小、奇偶全都发生了改变，这种变异特征称为全变异。

如：15139 期蓝球开奖号码是 09，该号是大奇数，而 15140 期蓝球开奖号码是 12，该号是大偶数。可以看得出，大小没有发生改变，而奇偶发生了改变。这种变异特征称为一般变异。

二、蓝球瘦身大法

要玩转双色球光选红球，至多中二等奖，想中一等奖，少不了对蓝球进行研究和选择，所以说蓝球也要"瘦身"。

第四章 大底围红及杀号定胆

方法一

当期摇奖期号乘以15，加第一位红球号码，再加10，除16后，取余数杀号，如表4-12所示。

表4-12 方法一

期号	开奖号	杀蓝	正确与否
141	03 08 19 25 27 28+02	(42×15+3+10) /16=余3	正确
142	13 17 19 20 22 25+11	(43×15+13+10) /16=余12	正确
143	13 15 19 20 21 32+04	(44×15+13+10) /16=余11	正确
144	01 04 07 15 28 32+16	(45×15+1+10) /16=余14	正确
145	07 08 15 19 20 24+13	(46×15+7+10) /16=余3	正确
146	16 17 21 28 30 32+15	(47×15+16+10) /16=余11	正确
147	08 09 16 23 24 30+05	(48×15+8+10) /16=余2	正确
148	09 13 14 22 26 27+07	(49×15+9+10) /16=余2	正确
149	09 10 20 21 22 33+09	(50×15+9+10) /16=余1	正确
150	01 03 08 11 29 31+13	(51×15+1+10) /16=余8	?

方法二

当期摇奖期号乘以16，加第一位红球号码，再加3，除16后，取余数杀号，如表4-13所示。

表4-13 方法二

期号	开奖号	蓝号杀下期红号	正确与否
141	03 08 19 25 27 28+02	(42×16+3+3) /16=余6	正确
142	13 17 19 20 22 25+11	(43×16+13+3) /16=余0=10	正确
143	13 15 19 20 21 32+04	(44×16+13+3) /16=余0=10	正确
144	01 04 07 15 28 32+16	(45×16+1+3) /16=余6	正确
145	07 08 15 19 20 24+13	(46×16+7+3) /16=余10	正确
146	16 17 21 28 30 32+15	(47×16+16+3) /16=余3	正确
147	08 09 16 23 24 30+05	(48×16+8+3) /16=余11	正确
148	09 13 14 22 26 27+07	(49×16+9+3) /16=余15	正确
149	09 10 20 21 22 33+09	(50×16+9+3) /16=余12	正确
150	01 03 08 11 29 31+13	(51×16+1+3) /16=余4	?

方法三

当期摇奖期号乘以11，加第四位红球号码，再加1，除16后，取余数杀号，如表4-14所示。

表 4-14　方法三

期号	开奖号	蓝号杀下期红号	正确与否
141	03 08 19 25 27 28+02	(42×11+25+1)/16=余 8	正确
142	13 17 19 20 22 25+11	(43×11+20+1)/16=余 14	正确
143	13 15 19 20 21 32+04	(44×11+20+1)/16=余 9	正确
144	01 04 07 15 28 32+16	(45×11+15+1)/16=余 15	正确
145	07 08 15 19 20 24+13	(46×11+19+1)/16=余 14	正确
146	16 17 21 28 30 32+15	(47×11+28+1)/16=余 2	正确
147	08 09 16 23 24 30+05	(48×11+23+1)/16=余 8	正确
148	09 13 14 22 26 27+07	(49×11+22+1)/16=余 2	正确
149	09 10 20 21 22 33+09	(50×11+21+1)/16=余 12	正确
150	01 03 08 11 29 31+13	(51×11+11+1)/16=余 13	?

方法四

当期摇奖期号乘以 13，加第四位红球号码，再加 9，除 16 后，取余数杀号，如表 4-15 所示。

表 4-15　方法四

期号	开奖号	蓝号杀下期红号	正确与否
141	03 08 19 25 27 28+02	(42×13+25+9)/16=余 4	正确
142	13 17 19 20 22 25+11	(43×13+20+9)/16=余 12	正确
143	13 15 19 20 21 32+04	(44×13+20+9)/16=余 9	正确
144	01 04 07 15 28 32+16	(45×13+15+9)/16=余 1	正确
145	07 08 15 19 20 24+13	(46×13+19+9)/16=余 2	正确
146	16 17 21 28 30 32+15	(47×13+28+9)/16=余 8	正确
147	08 09 16 23 24 30+05	(48×13+23+9)/16=余 0=10	正确
148	09 13 14 22 26 27+07	(49×13+22+9)/16=余 12	正确
149	09 10 20 21 22 33+09	(50×13+21+9)/16=余 8	正确
150	01 03 08 11 29 31+13	(51×13+11+9)/16=余 11	?

方法五

当期摇奖期号乘以 11，加第二位红球奖号，除 16 后，取余数杀号，如表 4-16 所示。

表 4-16 方法五

期号	开奖号	蓝号杀下期红号	正确与否
141	03 08 19 25 27 28+02	(42×11+8) /16=余 6	正确
142	13 17 19 20 22 25+11	(43×11+17) /16=余 10	正确
143	13 15 19 20 21 32+04	(44×11+15) /16=余 3	正确
144	01 04 07 15 28 32+16	(45×11+4) /16=余 3	正确
145	07 08 15 19 20 24+13	(46×11+8) /16=余 2	正确
146	16 17 21 28 30 32+15	(47×11+17) /16=余 6	正确
147	08 09 16 23 24 30+05	(48×11+9) /16=余 9	正确
148	09 13 14 22 26 27+07	(49×11+13) /16=余 8	正确
149	09 10 20 21 22 33+09	(50×11+10) /16=余 0=10	正确
150	01 03 08 11 29 31+13	(51×11+3) /16=余 4	?

方法六

当期摇奖期号乘以12,加第四位红球号码,再加12,除16后,取余数杀号,如表4-17所示。

表 4-17 方法六

期号	开奖号	蓝号杀下期红号	正确与否
141	03 08 19 25 27 28+02	(42×12+25+12) /16=余 13	正确
142	13 17 19 20 22 25+11	(43×12+20+12) /16=余 4	错误
143	13 15 19 20 21 32+04	(44×12+20+12) /16=余 10	正确
144	01 04 07 15 28 32+16	(45×12+15+12) /16=余 7	正确
145	07 08 15 19 20 24+13	(46×12+19+12) /16=余 7	正确
146	16 17 21 28 30 32+15	(47×12+28+12) /16=余 12	正确
147	08 09 16 23 24 30+05	(48×12+23+12) /16=余 3	正确
148	09 13 14 22 26 27+07	(49×12+22+12) /16=余 14	正确
149	09 10 20 21 22 33+09	(50×12+21+12) /16=余 9	正确
150	01 03 08 11 29 31+13	(51×12+11+12) /16=余 11	?

方法七

当期摇奖期号乘以13,加第四位红球号码,再加11,除16后,取余数杀号,如表4-18所示。

表 4-18 方法七

期号	开奖号	蓝号杀下期红号	正确与否
141	03 08 19 25 27 28+02	(42×13+25+11) /16=余 6	正确
142	13 17 19 20 22 25+11	(43×13+20+11) /16=余 14	正确
143	13 15 19 20 21 32+04	(44×13+20+11) /16=余 11	正确
144	01 04 07 15 28 32+16	(45×13+15+11) /16=余 3	正确
145	07 08 15 19 20 24+13	(46×13+19+11) /16=余 4	正确
146	16 17 21 28 30 32+15	(47×13+28+11) /16=余 10	正确
147	08 09 16 23 24 30+05	(48×13+23+11) /16=余 2	正确
148	09 13 14 22 26 27+07	(49×13+22+11) /16=余 14	正确
149	09 10 20 21 22 33+09	(50×13+21+11) /16=余 10	正确
150	01 03 08 11 29 31+13	(51×13+11+11) /16=余 13	?

方法八

当期摇奖期号乘以 8，加第六位红球号码，再加 1，除 16 后，取余数杀号，如表 4-19 所示。

表 4-19 方法八

期号	开奖号	蓝号杀下期红号	正确与否
141	03 08 19 25 27 28+02	(42×8+28+1) /16=余 13	正确
142	13 17 19 20 22 25+11	(43×8+25+1) /16=余 2	正确
143	13 15 19 20 21 32+04	(44×8+32+1) /16=余 1	正确
144	01 04 07 15 28 32+16	(45×8+32+1) /16=余 9	正确
145	07 08 15 19 20 24+13	(46×8+24+1) /16=余 9	正确
146	16 17 21 28 30 32+15	(47×8+32+1) /16=余 9	正确
147	08 09 16 23 24 30+05	(48×8+30+1) /16=余 15	正确
148	09 13 14 22 26 27+07	(49×8+27+1) /16=余 4	正确
149	09 10 20 21 22 33+09	(50×8+33+1) /16=余 2	正确
150	01 03 08 11 29 31+13	(51×8+31+1) /16=余 8	?

方法九

A+B 绝杀法。

绝杀公式：L=A+B

式中，L 代表本期绝杀蓝球；A 代表上上期实际开出的蓝球；B 代表上期实际开出的蓝球。

绝杀原理：A+B 的和为一个自然数时，直接杀该数，A+B 的和为两位数时，取个位也就是和尾绝杀。A+B 的和为 0 时，绝杀 10。

举例，见表 4-20。

表 4-20　方法九

期号	开奖号码	上上期加上期
143	13 15 19 20 21 32+04	143 期 04，144 期 16，04+16=20，杀 10
144	01 04 07 15 28 32+16	
145	07 08 15 19 20 24+13	杀号正确

方法十

绝杀公式：L=A+16

式中，L 代表本期绝杀蓝球；A 代表上期实际开出蓝球号码。

绝杀原理：上期蓝球+16 的和均为两位数，取其个位也就是尾数作为本期绝杀号。尾数值为 0，绝杀 10。

表 4-21　方法十

期号	开奖号码	上期蓝球+16
143	13 15 19 20 21 32+04	04+16=20，杀 10
144	01 04 07 15 28 32+16	杀号正确

方法十一

A+B+C 绝杀法。

绝杀公式：L=A+B+C

式中，L 代表本期要绝杀的蓝球；A 代表上期实际开出蓝球；B 代表上上期实际开出蓝球；C 代表上三期实际开出蓝球。

绝杀原理：A+B+C 的和均为两位数，取其个位也就是尾数作为本期绝杀号。尾数值为 0，绝杀 10。

表 4-22　方法十一

期号	开奖号码	上三期蓝球+上上期蓝球+上期蓝球
143	13 15 19 20 21 32+04	上三期蓝球 04，上上期蓝球 16，上期蓝球 13，04+16+13=33，杀 03
144	01 04 07 15 28 32+16	
145	07 08 15 19 20 24+13	
146	16 17 21 28 30 32+15	杀号正确

方法十二

A+B+C+D 绝杀法。

绝杀公式：L=A+B+C+D

式中，L 代表本期要绝杀的蓝球；A 代表上期实际开出蓝球；B 代表上上期实际开出蓝球；C 代表上三期实际开出蓝球；D 代表上四期实际开出蓝球。

绝杀原理：A+B+C+D 的和均为两位数，取其个位也就是尾数作为本期绝杀号。尾数值为 0，绝杀 10。

表 4-23 方法十二

期号	开奖号码	上四期+上三期+上上期+上期蓝球
141	03 08 19 25 27 28+02	上四期蓝球 02，
142	13 17 19 20 22 25+11	上三期蓝球 11，
143	13 15 19 20 21 32+04	上上期蓝球 04，上期蓝球 16，
144	01 04 07 15 28 32+16	02+11+04+16=33，杀 03
145	07 08 15 19 20 24+13	杀号正确

方法十三

红球+蓝球绝杀法。

绝杀公式：L=红球+蓝球

式中，L 代表本期绝杀蓝球；红球代表上期开出 6 个红球总和；蓝球代表上期开出的实际蓝球。

绝杀原理：把上期的 6 个红球和 1 个蓝球相加，取和值的尾数绝杀。尾数值为 0，绝杀 10。

15145 期开奖号码：07、08、15、19、20、24+13，7+8+15+19+20+24+13=106，杀 06、07。

15146 期开奖号码：16、17、21、28、30、32+15，杀蓝正确。此方法间接使用。

方法十四

上期蓝球 S+G 绝杀法。

绝杀公式：L=S+G

式中，L 代表本期绝杀蓝球；S 代表上期蓝球的十位数字；G 代表上期蓝球的个位数字。

绝杀原理：①上期蓝球大于10，十位和个位直接相加，取和绝杀。②上期蓝球小于或等于10，先加16，如果相加后尾数为0时，再加16，后将得数的十位和个位相加，相加后的和为绝杀数。

对应杀号：

上期出01下期杀08，上期出02下期杀09；

上期出03下期杀10，上期出04下期杀02；

上期出05下期杀03，上期出06下期杀04；

上期出07下期杀05，上期出08下期杀06；

上期出09下期杀07，上期出10下期杀01；

上期出11下期杀02，上期出12下期杀03；

上期出13下期杀04，上期出14下期杀05；

上期出15下期杀06，上期出16下期杀07。

方法十五

上期蓝球S-G绝杀法。

绝杀公式：$L=S-G$

式中，L代表本期绝杀蓝球；S代表上期蓝球十位数字；G代表上期蓝球个位数字。

绝杀原理：上期蓝球大于10时，十位数字和个位数字直接相减。

上期蓝球小于或等于10时，先加16，如果相加后尾数为0，再加16，然后将得数的十位和个位相减。相减后不论正负数，取绝对值作为绝杀号。相减后差为0，都绝杀10。

方法十六

固定杀号法，见表4-24。

表4-24 方法十六

蓝球	杀码
01	06，13，14，16
02	04，05，09，16
03	02，06，10，12
04	02，05，10，11

续表

蓝球	杀码
05	02, 08, 11, 16
06	04, 07, 09, 12
07	03, 06, 09, 11
08	01, 07, 12, 16
09	02, 03, 06, 14
10	02, 06, 08, 16
11	01, 03, 08, 15
12	02, 03, 04, 05
13	05, 09, 10, 11
14	03, 05, 07, 15
15	03, 04, 06, 07
16	01, 03, 08, 13

如表4-24所示,例如某期出蓝10号,那么,下一期02、06、08、16开出的可能性极小。

方法十七

搭配使用选蓝方法。

五期蓝球相加,除以5的得数加减1,再将每个数加减1,号码就在其中。

例如,测2016015期蓝球。

$7+1+15+12+6=41$

$41 \div 5 = 8$ 余 1

$8+(-1)=9$ 和 7

07 08 09

$7+(-1)=8$ 和 6

$8+(-1)=9$ 和 7

$9+(-1)=10$ 和 8

综合上述选号:

07 08 09

06 07 08

07 08 09

08 09 10

去掉相同号码后即是围蓝号码。

围蓝号码：06、07、08、09、10，正确开07。

此方法可以与前面的杀号方法结合使用。杀号方法剩余号码与此方法围蓝号码综合以后，中奖概率可提高。

小节归纳

主要讲述杀蓝号码的方法，可以并列使用，并参考走势图加以斟酌。如果杀蓝方法频频出错，我们可以将所有方法用于前5~10期开奖号码验证，到底是哪个方法出错，究其根源。下一期选号时将这一方法的杀号作为胆码，或是利用前5期验证正确率，再确定是否使用。

第四节　定胆有绝招

一、定胆尾法

双色球同尾号如下：

1尾：01 11 21 31　　4尾：04 14 24　　7尾：07 17 27

2尾：02 12 22 32　　5尾：05 15 25　　8尾：08 18 28

3尾：03 13 23 33　　6尾：06 16 26　　9尾：09 19 29

0尾：10 20 30

（一）尾数遗传性

尾数遗传是指上期出现的尾数，在本期还会出现的特征。

例如：2015年第15138期和15139期，开奖号码如下：

15138期：01 02 08 16 19 24

15139期：01 10 13 18 25 27

遗传尾数有 1 尾和 8 尾。

（二）尾数区间表现

通过一些方法可以细化红球尾数遗传的情况，这会大大提高选号的准确率。

把红球 01~33 号码分为两个区域，10~16 为小数区，17~33 为大数区。通过对开奖数据的分析，发现小号区与大号区的尾数呈现阶段性、周期性的变化。当小号区尾数连续几期没有出现遗传现象，该区出现遗传现象的概率就相当高了，选号的时候一定要格外注意可能出现尾数对应的号码。在大号区也同样具备这样的特征。

（三）尾数的偏态现象

尾数的走势变化有时也如同红球的个别号码，偏态现象在尾数分布中经常出现。作为偏态，主要表现为：持续空缺和持续出现。尾数在自身运行过程中也同样具有以上两种偏态特性。操作偏态一定要认清偏态，顺势而为并且根据极值，反方向操作。

（四）选胆尾的方法

至于尾数的选择，方法有很多，下面介绍几种简单、易学、准确率高的方法。

方法一：彩票走势图中的中奖号码星罗棋布，用线连接起来则构成各种各样的几何图形，有的是方形，有的是三角形，有的是梯形，有的是多边形等，利用这些几何图形，我们可以预测胆尾。

例 1：预测 15114 期的奖号。

15112 期：01 03 10 19 20 27

15113 期：01 05 07 08 19 27

15114 期：04 07 09 13 21 26（几何图形：三角形出号）

例 2：预测 15099 期的奖号。

15097 期：09 12 14 20 26 27

15098 期：06 09 13 26 27 33

15099 期：06 07 10 11 14 22（几何图形：矩形、三角形出号）

例3：预测15116期的奖号。

15112期：01 <u>03</u> 10 19 20 27

15113期：<u>01 05</u> 07 08 19 27

15114期：04 07 09 13 21 26

15115期：<u>01</u> 07 08 <u>14 24</u> 32（几何图形：四边形出号）

方法二：上期红球总和数分别减去每一个红球并除以每一个红球，去掉余数，保留得数。

例如，2015年第15112期开奖号码为：01、03、10、19、20、27。

算法演示：预测15113期。

上期红球总和：$01+03+10+19+20+27=80$。

分别减去每一个红球并除以每一个红球：

$(80-01)/01=79$

$(80-03)/03=25$

$(80-10)/10=7$

$(80-19)/19=3$

$(80-20)/20=3$

$(80-27)/27=1$

预测15113期胆尾：1、3、5、7、9。

15113期开奖号码：01、05、07、08、19、27。

预测正确：01、05、07、19、27五个号码。

方法三：同尾定胆尾。上期号码中同尾号，下期选其尾。

双色球2015年某阶段历史开奖号尾数预测如表4-25所示。

表4-25 尾数预测（一）

期　号	上期开奖号码同尾	本期开号同尾
15001	01 07 09 16 20 23	
15002	07 15 16 25 28 32	15
15003	10 15 20 23 24 31	
15004	02 14 15 16 23 24	
15005	07 10 16 17 18 32	
15006	01 10 11 29 31 33	01

续表

期　号	上期开奖号码同尾	本期开号同尾
15007	01 07 09 17 20 33	07
15008	04 07 10 16 20 22	
15009	04 07 14 17 21 25	
15010	01 02 03 08 21 31	
15011	04 14 15 17 18 20	
15012	03 05 22 23 29 31	
15013	08 09 24 25 26 29	19
15014	02 12 16 19 27 30	
15015	01 07 20 24 25 33	
15016	02 06 10 15 17 31	
15017	13 18 20 25 27 33	
15018	06 09 12 14 28 29	19
15019	02 06 11 19 25 26	
15020	01 04 07 19 22 23	
15021	14 15 16 17 27 28	07
15022	04 07 10 16 23 25	
15023	08 09 10 13 29 30	09
15024	09 11 16 18 23 24	
15025	10 11 12 15 27 32	02 22
15026	02 13 17 21 22 33	
15027	05 07 09 16 26 29	26
15028	04 07 10 26 27 28	07
15029	07 14 15 19 21 28	
15030	08 11 14 15 16 26	26
15031	01 05 07 22 26 32	32
15032	11 14 16 18 29 32	
15033	03 06 21 29 31 32	
15034	12 13 17 18 20 27	
15035	01 08 09 22 24 33	
15036	04 06 16 17 26 33	
15037	05 07 12 18 28 31	
15038	05 06 11 12 14 33	
15039	01 13 15 26 29 30	
15040	13 16 18 27 30 32	
15041	04 09 11 17 21 25	21
15042	09 10 19 21 23 32	
15043	11 12 15 24 26 27	

续表

期 号	上期开奖号码同尾	本期开号同尾
15044	02 03 04 13 14 16	13
15045	01 05 13 22 30 31	31
15046	05 07 10 14 23 31	
15047	02 03 20 24 26 27	
15048	13 16 17 22 25 27	07 17
15049	07 12 14 17 20 23	
15050	03 09 12 16 17 31	
15051	04 10 24 26 28 32	04
15052	02 04 11 16 25 26	
15053	03 07 17 22 32 33	07 02 22
15054	01 02 07 10 22 26	
15055	01 10 15 18 19 28	08 18
15056	01 07 08 16 18 20	
15057	09 20 24 25 26 32	
15058	02 09 10 18 19 20	09
15059	02 06 09 16 25 32	32
15060	01 03 18 27 31 32	
15061	06 18 22 26 32 33	26
15062	09 14 15 18 21 26	
15063	01 07 09 16 22 32	12
15064	11 12 14 17 23 27	
15065	08 10 14 19 26 29	
15066	05 08 11 17 24 28	08
15067	02 05 08 24 25 31	15
15068	06 15 18 21 26 27	
15069	01 13 17 18 23 30	13
15070	01 07 13 19 21 29	29 31
15071	08 18 20 28 29 31	
15072	01 03 05 20 21 31	01
15073	01 02 17 22 26 27	07
15074	04 07 21 25 26 29	
15075	06 11 13 19 21 32	01
15076	01 09 10 19 23 27	
15077	01 06 08 10 12 27	
15078	03 07 20 22 26 29	
15079	09 14 15 20 26 32	
15080	14 17 25 27 28 30	

续表

期 号	上期开奖号码同尾	本期开号同尾
15081	13 20 22 26 28 31	
15082	02 08 09 14 28 30	18
15083	06 07 16 18 29 32	
15084	15 18 20 22 28 29	08 28
15085	02 08 25 27 28 29	08 18
15086	05 06 08 16 18 22	16 28
15087	09 15 16 19 20 28	29
15088	02 12 20 24 29 31	12
15089	12 14 19 27 28 29	
15090	10 12 14 22 25 33	22
15091	05 07 17 19 22 31	27
15092	09 15 19 21 26 27	
15093	01 03 13 21 25 31	01 13
15094	01 04 06 13 16 17	
15095	04 15 21 28 30 31	31
15096	06 16 17 23 24 31	26
15097	09 12 14 20 26 27	
15098	06 09 13 26 27 33	06
15099	06 07 10 11 14 22	
15100	02 03 11 17 19 21	
15101	08 16 22 24 28 29	
15102	07 09 12 14 21 23	
15103	06 08 13 26 30 32	26
15104	09 18 21 23 25 26	
15105	09 10 16 19 20 26	
15106	01 03 04 23 31 32	21
15107	07 14 16 18 21 25	
15108	02 12 19 22 24 27	32
15109	01 08 09 16 32 33	
15110	05 07 16 17 22 23	
15111	08 14 16 18 20 30	10 20
15112	01 03 10 19 20 27	
15113	01 05 07 08 19 27	07
15114	04 07 09 13 21 26	
15115	01 07 08 14 24 32	04
15116	04 06 15 23 26 28	
15117	04 11 12 18 26 32	

续表

期　号	上期开奖号码同尾	本期开号同尾
15118	01 04 11 21 23 31	31
15119	02 08 10 18 23 31	
15120	16 21 24 26 27 29	
15121	01 03 20 21 28 29	11
15122	05 07 11 16 22 25	05
15123	05 08 09 12 22 28	02 12 18
15124	02 03 05 12 18 27	22
15125	05 13 22 27 30 33	23
15126	10 11 15 20 23 29	

方法四：开奖号码按大小顺序排列，前两位数相加；后两位数相加。

双色球2015年某阶段历史开奖号尾数预测如表4-26所示。

表4-26　尾数预测（二）

期号	上期开奖号码	前后两位尾数各相加取尾	本期胆尾号码
15001	01 07 09 16 20 23	1+7=8；0+3=3	28
15002	07 15 16 25 28 32	2；0	10 20
15003	10 15 20 23 24 31	5	15
15004	02 14 15 16 23 24	6；7	07 16 17
15005	07 10 16 17 18 32	7；0	10
15006	01 10 11 29 31 33	1；4	01
15007	01 07 09 17 20 33	8；3	
15008	04 07 10 16 20 22	1；2	21
15009	04 07 14 17 21 25	1；6	01 21 31
15010	01 02 03 08 21 31	3；2	
15011	04 14 15 17 18 20	8	
15012	03 05 22 23 29 31	8；0	08
15013	08 09 24 25 26 29	7；5	27
15014	02 12 16 19 27 30	4；7	07 24
15015	01 07 20 24 25 33	8	
15016	02 06 10 15 17 31	8	18
15017	13 18 20 25 27 33	1；0	
15018	06 09 12 14 28 29	5；7	25
15019	02 06 11 19 25 26	8；1	01
15020	01 04 07 19 22 23	5	15
15021	14 15 16 17 27 28	9；5	25

续表

期号	上期开奖号码	前后两位尾数各相加取尾	本期胆尾号码
15022	04 07 10 16 23 25	1；8	08
15023	08 09 10 13 29 30	7；9	09
15024	09 11 16 18 23 24	0；7	10 27
15025	10 11 12 15 27 32	1；9	21
15026	02 13 17 21 22 33	5	05
15027	05 07 09 16 26 29	2；5	
15028	04 07 10 26 27 28	1；5	15 21
15029	07 14 15 19 21 28	1；9	11
15030	08 11 14 15 16 26	9；2	22 32
15031	01 05 07 22 26 32	6；8	16 18
15032	11 14 16 18 29 32	5；1	21 31
15033	03 06 21 29 31 32	9；3	13
15034	12 13 17 18 20 27	5；7	
15035	01 08 09 22 24 33	9；7	17
15036	04 06 16 17 26 33	0；9	
15037	05 07 12 18 28 31	2；9	12
15038	05 06 11 12 14 33	1；7	01
15039	01 13 15 26 29 30	4；9	
15040	13 16 18 27 30 32	9；2	09
15041	04 09 11 17 21 25	3；6	23
15042	09 10 19 21 23 32	9；5	15
15043	11 12 15 24 26 27	3	03 13
15044	02 03 04 13 14 16	5；0	05 30
15045	01 05 13 22 30 31	6；1	31
15046	05 07 10 14 23 31	2；4	02 24
15047	02 03 20 24 26 27	5；3	13 25
15048	13 16 17 22 25 27	9；2	12
15049	07 12 14 17 20 23	9；3	03 09
15050	03 09 12 16 17 31	2；8	28 32
15051	04 10 24 26 28 32	4；0	04
15052	02 04 11 16 25 26	6；1	
15053	03 07 17 22 32 33	0；5	10
15054	01 02 07 10 22 26	3；8	18 28
15055	01 10 15 18 19 28	1；7	01 07
15056	01 07 08 16 18 20	8	
15057	09 20 24 25 26 32	9；8	09 18 19
15058	02 09 10 18 19 20	1；9	09

续表

期号	上期开奖号码	前后两位尾数各相加取尾	本期胆尾号码
15059	02 06 09 16 25 32	8；7	18 27
15060	01 03 18 27 31 32	4；3	33
15061	06 18 22 26 32 33	4；5	14 15
15062	09 14 15 18 21 26	3；7	07
15063	01 07 09 16 22 32	8；4	14
15064	11 12 14 17 23 27	3；0	10
15065	08 10 14 19 26 29	8；5	05 08 28
15066	05 08 11 17 24 28	3；2	02
15067	02 05 08 24 25 31	7；6	06 26 27
15068	06 15 18 21 26 27	1；3	01 13 23
15069	01 13 17 18 23 30	4；3	13
15070	01 07 13 19 21 29	8；0	08 18 20 28
15071	08 18 20 28 29 31	6；0	20
15072	01 03 05 20 21 31	4；2	02 22
15073	01 02 17 22 26 27	3	
15074	04 07 21 25 26 29		
15075	06 11 13 19 21 32	7；3	23 27
15076	01 09 10 19 23 27	0	10
15077	01 06 08 10 12 27	7；9	07 29
15078	03 07 20 22 26 29	0；5	15 20
15079	09 14 15 20 26 32	3；8	28
15080	14 17 25 27 28 30	1；8	28 31
15081	13 20 22 26 28 31	3；9	09
15082	02 08 09 14 28 30	0；8	18
15083	06 07 16 18 29 32	3；1	
15084	15 18 20 22 28 29	18；28	08 28
15085	02 08 25 27 28 29	0；7	
15086	05 06 08 16 18 22	1；0	20
15087	09 15 16 19 20 28	4；8	24
15088	02 12 20 24 29 31	4；0	14
15089	12 14 19 27 28 29	6；7	
15090	10 12 14 22 25 33	2；8	22
15091	05 07 17 19 22 31	2；3	
15092	09 15 19 21 26 27	4；3	03 13
15093	01 03 13 21 25 31	4；6	04 06 16
15094	01 04 06 13 16 17	5；3	15
15095	04 15 21 28 30 31	9；1	31

续表

期号	上期开奖号码	前后两位尾数各相加取尾	本期胆尾号码
15096	06 16 17 23 24 31	2；5	12
15097	09 12 14 20 26 27	1；3	13 33
15098	06 09 13 26 27 33	5；0	10
15099	06 07 10 11 14 22	3；6	03
15100	02 03 11 17 19 21	5；0	
15101	08 16 22 24 28 29	8；28	
15102	07 09 12 14 21 23	6；4	06 26
15103	06 08 13 26 30 32	4；2	
15104	09 18 21 23 25 26	7；1	
15105	09 10 16 19 20 26	9；6	
15106	01 03 04 23 31 32	4；3	14
15107	07 14 16 18 21 25	1；6	
15108	02 12 19 22 24 27	4；1	01
15109	01 08 09 16 32 33	9；5	05
15110	05 07 16 17 22 23	2；5	
15111	08 14 16 18 20 30	2；0	10 20
15112	01 03 10 19 20 27	4；7	07 27
15113	01 05 07 08 19 27	6	26
15114	04 07 09 13 21 26	1；7	01 07
15115	01 07 08 14 24 32	8；6	06 26 28
15116	04 06 15 23 26 28	0；4	04
15117	04 11 12 18 26 32	5；8	
15118	01 04 11 21 23 31	5；4	
15119	02 08 10 18 23 31	0；4	24
15120	16 21 24 26 27 29	7；6	
15121	01 03 20 21 28 29	4；7	
15122	05 07 11 16 22 25	2；7	12 22
15123	05 08 09 12 22 28	3；0	03
15124	02 03 05 12 18 27	5	05
15125	05 13 22 27 30 33	8；3	23
15126	10 11 15 20 23 29	1；2	？

方法五：红球第三位尾数定胆尾。把双色球的六个红球奖号按照大小顺序排列，将第三位奖号对应的尾数标注出来，给这个尾数加4，得到一个新的数字；新的数字再加3，得到第二个新的数字，如果它们超过10，就给它再取尾数。这两个尾数就是下期胆尾目标，如表4-27所示。

表 4-27 尾数预测（三）

期数	开奖号码	第三位加 4 加 3		正确胆
15113	01 05 07 08 19 27	07 + 4 = 11	11 + 3 = 14	04 21
15114	04 07 09 13 21 26	09 + 4 = 13	13 + 3 = 16	
15115	01 07 08 14 24 32	08 + 4 = 12	12 + 3 = 15	15
15116	04 06 15 23 26 28	15 + 4 = 19	19 + 3 = 22	12 32
15117	04 11 12 18 26 32	12 + 4 = 16	16 + 3 = 19	
15118	01 04 11 21 23 31	11 + 4 = 15	15 + 3 = 18	08 18
15119	02 08 10 18 23 31	10 + 4 = 14	14 + 3 = 17	24 27
15120	16 21 24 26 27 29	24 + 4 = 28	28 + 3 = 31	01 21 28
15121	01 03 20 21 28 29	20 + 4 = 24	24 + 3 = 27	07
15122	05 07 11 16 22 25	11 + 4 = 15	15 + 3 = 18	05 08 28
15123	05 08 09 12 22 28	09 + 4 = 13	13 + 3 = 16	03
15124	02 03 05 12 18 27	05 + 4 = 9	9 + 3 = 12	22
15125	05 13 22 27 30 33	22 + 4 = 26	26 + 3 = 29	29
15126	10 11 15 20 23 29	15 + 4 = 19	19 + 3 = 22	?

二、定胆号法

方法一：两数中间定胆。双色球每期开出的 6 个红球奖号中，我们可以每两个进行捆绑，取二者的中间数作为胆码，如表 4-28 所示。

表 4-28 两数中间定胆

期数	开奖号码	两号中间数	正确胆
15113	01 05 07 08 19 27	3 6 7 13 14 23	4 7 13
15114	04 07 09 13 21 26	5 6 8 11 17 23 24	08 24
15115	01 07 08 14 24 32	4 11 19 28	04 28
15116	04 06 15 23 26 28	5 10 11 19 24 25 27	11

方法二：黄金分割定胆。黄金分割是数字排列中一个非常有意思的现象，分割率为 0.618，如果把数字和黄金分割率对应，它们组合成的新数字极容易出现。

例如，双色球 15142 期开奖号码：13、17、19、20、22、25。

按照黄金分割率来分割，则是：

$13 \times 0.618 = 8.034$　　$17 \times 0.618 = 10.506$　　$19 \times 0.618 = 11.742$

$20 \times 0.618 = 12.36$　　$22 \times 0.618 = 13.596$　　$25 \times 0.618 = 15.45$

取整数：08、10-11、12、13-14、15-16。

15143 期开出：13、15、19、20、21、32，13、15 正确。

三、定蓝方法

（一）跟形态买蓝：开单买单、开双买双

对于初买彩票的人来说，先从简单方法入手，若上期蓝号开单数下期就买单数，开双数就买双数！建议跟热不跟冷，也遵循了选号逐热避冷的原则，这点非常重要！例如：第 09087~09092 期连续 9 期都是开双数：06、02、04、14、04、08，开双就买双，连续 5 期都中蓝号！根据此思路，开单买单，继续中蓝。

（二）盯准蓝球图表中的"图案"

蓝球在双色球走势图中的随机落点如果连接起来，将会构成如平行四边形、三角形、"M"、"W" 等图案，运用图案对蓝球的趋势落点进行推测也是有意义的，以往的开奖中我们也常看到图案 "趋势" 得到印证的情况。

（三）简单运算法

列出近 5 期的蓝球号码，先将这 5 个号码相加，计算其平均值，然后把平均值加 4 和减 4，最后会得到两个结果，作为一个取值范围，这就是下一期蓝球号码的选号范围了。

运用这种方法判断蓝球范围的准确率比较高，而且操作起来非常简单，最重要的是参考价值也很高，一般通过运算之后都能将蓝球的选号范围缩小一半甚至是一半以上，这样的情况下，彩民朋友只要再加入 1~2 项指标的分析很容易便能将当期的蓝球号码缩减到 3~4 个之间。若平均数有小数的话，可以四舍五入来取整。

（四）遗漏模式选蓝

此遗漏模式为短期跟踪模式，当某一个号码长期没有出现，很多彩民都会购

买这个号码,实际上就是在选择遗漏值大的号码。大部分情况下,遗漏期数不会超过 70 期,我们重点可以关注那些遗漏期数 60 以下的号码。

(1) 遗漏 10 以下的热门号码最多连续出 4 期;遗漏 10~20 的号码最多连续出 4 期。

(2) 遗漏 20 以上的冷门号码最多连续出 3 期;遗漏 0、1、2 最常见,最多 12 期不出现就应该选择这三个号码。

(3) 开奖蓝球一般都是冷、热号码交替,不能一味追捧长期未出的冷门号码。

(五) 三种模式抓蓝球

(1) 预测模式的建立。蓝号尾数、期号尾数以及两者关系的主动、从动规定是研究本模式的平台。为了简洁地说明问题,特作如下规定:①以期号尾数的移动为主动变化;②以蓝号尾数的更新为从动变化;③以蓝号尾数追逐并看齐期号尾数的差值为研究对象。比如,期号的尾数是 1、蓝号的尾数是 1,该期的差值就记录为 0;又如,期号的尾数是 6、蓝号的尾数是 1,该期的差值就记录为 5;再如,期号的尾数是 1、蓝号的尾数是 5,该期的差值就记录为 6。不难看出,以上规定是以期号为被减数、以蓝号为减数、以两者的差值为得数,如遇到期号尾数小于蓝号尾数的不够减情况时,还需要给期号的尾数先加 10。

(2) 差值矩阵的建立。上述模式里的期号尾数,实际上指的是累计开奖期号的尾数,而不是人为编制的开奖期号尾数。比如说,第 05026 期为累计开奖的第 237 期,采用累计开奖期数的尾数为研究对象,显然可以避免人为编制开奖期号对蓝号研究的干扰。而累计第 181~236 期也就是 04092~05025 期的进度如下:

9 7 5 3 0 2 4 6 4 5
0 0 8 2 3 9 5 4 8 8
5 5 2 3 2 9 2 2 9 0
6 8 9 8 2 1 0 3 8 6
0 7 8 8 0 1 2 5 3 2
6 6 9 2 2 9 , ?

(3) 差值矩阵的分析。上述差值矩阵里的问号表示提出了一个问题,即"第 05026 期也就是累计第 237 期的蓝色球尾数应该选几"。经观察可以看出,近期差值的纵向隔期重复值表现活跃。比如说，累计第231、第233、第235期的差值分别为6、9、2，累计第211、第213、第215期的差值也为6、9、2，以上中奖现象被称为"蓝号期号尾数差值矩阵里的'隔期重复'中奖现象"。据此把累计第237期的蓝号期号差值估测为0时，其与累计第217期的差值0也是隔期重复关系。这就是说，已知被预测期数的尾数为7，估测被预测期数尾数7减蓝号的得数等于0，则蓝号的尾数应当等于7。考虑到蓝号候选数字尾数为7的号码仅有07这一个，对上述差值矩阵里问号的唯一答案是07。

（六）用五期均值基点号巧定蓝球

第一步，将前5期开出的蓝球号码数值相加，取平均值。

第二步，对所得到的前5期蓝球平均值按四舍五入取整数，所得整数便是5期均值选蓝方法的基点号码。例如，第08114~08118期的蓝球分别为14、06、14、07、01，5期和值为42，平均值为8.4，四舍五入取整得8，蓝球号08即为基点。

第三步，确定蓝球基点后，应在基点前后再各取2位数，这样就形成5个备选号，如前段所述基点8，则应在基点号码08的前面再取06、07，后面再取09、10，形成06、07、08、09、10这5个蓝还需备选号。实际上，下期（第08119期）蓝球如期开出了07，正在这5个备选号之中。

在5个备选号中，基点号码的作用是防备下期开出的蓝球号码与上期相同。从目前开奖的近800期开奖数据分析来看，上、下两期蓝球重复开出的比例是1/16，与蓝球16选1基本一致。

值得注意的是，当基点号码落点位于小号01、02或大号15、16则向两端延伸、扩展时，应在小号01之前加上大号15、16的扩展号码，在大号16的后面加上小号01、02的扩展号，这样就能保证5期均值选蓝法能考虑到蓝球大号、小号的转换问题。例如，当5期均值基点位于15时，则向前扩展的号码为13、14，向后延伸的号码为16、01。如果5期均值基点位于02，则向前延伸的号码为01、16。

四、蓝号规律总结

规律一：奇偶规律。

偶数多于奇数。偶数号码最多的达到了连续出现 5 期，奇数连续最多却不超过 4 期。而且，奇偶数极易连续出现。

规律二：大数规律。

从蓝号看，大数（09~16）占有明显优势。09 以上的号码出现比例为 58%；01~08 占 42%。而且，01~05 占的比例最小，为 16%。如果把 01~16 分成 4 段，01~04 占 16%，05~08 占 26%，09~12 占 24%，13~16 占 34%。因此，蓝号主要集中在 06~08、13~16 两个区域（7 个号占了总次数的 60%）。

根据平衡原理，彩民朋友可根据近期蓝球开出次数来选择蓝胆。

规律三：波浪曲线规律。

综观双色球蓝球走势图，基本上呈波浪曲线，连续几期递增或递减的现象比较少见，三期以上连续递增或递减的现象最少。

五、最强擒蓝法

表 4-29 擒蓝法

上期出蓝	下期出现号码
01	16 11 06 15 01 12 08
02	09 07 06 01 12 08 13
03	12 06 07 04 09 05 16
04	13 10 09 07 04 14 15
05	01 03 06 10 14 15 04
06	07 12 10 15 01 11 16
07	06 09 11 14 04 10 13
08	02 11 07 04 14 15 01
09	15 06 10 13 03 02 16
10	11 08 06 03 13 07 04
11	10 05 07 02 16 06 01
12	14 07 11 16 02 03 13

续表

上期出蓝	下期出现号码
13	02 03 04 07 08 10 13
14	05 10 11 13 08 12 01
15	08 10 11 16 05 09 04
16	01 06 11 02 16 09 10

小节归纳

本节内容涉及定胆尾和定胆号与蓝球的选择，均为重点内容。

每章归纳

本章内容为本书核心内容，将笼统的选号格式化，形成一种步骤，简便、快捷是特点所在。

第五章　旋转矩阵组号

关于旋转矩阵的通用公式以及使用方法，本书在这里进行细致的分析讲解。其核心宗旨是：以极低的成本实现复式投注的效果。有的彩民朋友可能经常出现这种现象，等到开奖时发现自己选中了所有的开奖号码，遗憾的是都不在同一注数里，甚至连最小奖都没有。用旋转矩阵会完全避免这种现象的发生。

一、双色球旋转矩阵的概念和定义

被誉为"彩票黑客"的美国人 Gail Howard 创造了"旋转矩阵"投注选号法。据称在美国彩票史上，这位"彩票黑客"运用"旋转矩阵"法，流水般地中出了74个大奖。这是一种基于"旋转矩阵"数学原理构造的选号法，其核心宗旨是：以极低的成本实现复式投注的效果。

一些彩民由于不了解"旋转矩阵"的作用，采取旧式的复式投注方式（即完全复式），完完整整地拿去打彩，一些对复式投注进行深入研究的彩民发现，进行复式投注浪费了不少成本。据研究者发现约有 1/3 号码组合，实际上是不可能中奖或极难中奖的。那么如何以极低的成本实现复式投注的最佳效果呢？"旋转矩阵"有这些优点。

实际上，旋转矩阵不是教你如何选号的，而是教你如何科学地组合号码。相对于完全复式投注组合号码的方法，旋转矩阵有着投入低、中奖保证高的优点。举个例子，10 个号码的中六保五型旋转矩阵的含义是，你选择了 10 个号码，如果其中包含了 6 个中奖号码，那么运用该矩阵提供的 14 注号码，你至少有一注中对5个号码的奖。本矩阵只要投入28元，而相应的复式投注需要投入420元。大家知道，用10个号码，只购买其中的14注，如果你胡乱组合，即使这10个号码中包含6个中奖号码，你也很可能只中一些小奖。而运用旋转矩阵的话，就可以得到一个对5个号码的奖，这是最低中奖保证。

二、旋转矩阵实战意义

将8~20个备选号码经过旋转矩阵，变为4~18621注，大大减少了投注金额。

(1) 我们可以利用网络搜索（双色球旋转矩阵缩水），直接获得组好的号码，进行投注。

(2) 旋转矩阵公式（利用定胆和杀号方法把数字控制在10~12码）。

10个备选号码（中六保五）型矩阵（14注）：

①1 2 3 6 7 9　②2 4 6 7 9 10　③3 6 7 8 9 10
④1 2 3 6 8 9　⑤4 5 6 8 9 10　⑥1 3 4 7 9 10
⑦1 3 4 5 8 9　⑧2 3 4 5 9 10　⑨1 3 4 5 6 7
⑩1 2 4 6 7 8　⑪1 2 3 5 6 10　⑫1 2 5 7 8 10
⑬2 3 4 5 7 8　⑭1 2 3 4 8 10

11个备选号码（中六保五）型矩阵（22注）：

①1 2 3 4 8 11　②1 2 3 5 6 11　③1 2 3 7 9 10
④1 2 4 5 9 10　⑤1 2 4 6 7 11　⑥1 2 5 7 8 11
⑦1 2 6 8 9 10　⑧1 3 4 5 7 10　⑨1 3 4 6 9 11
⑩1 3 5 8 9 11　⑪1 3 6 7 8 10　⑫1 4 5 6 8 10
⑬1 4 7 8 9 11　⑭1 5 6 7 9 11　⑮2 3 4 5 7 9
⑯2 3 4 6 10 11　⑰2 3 5 8 10 11　⑱2 3 6 7 8 9
⑲2 4 5 6 8 9　⑳2 4 7 8 10 11　㉑2 5 6 7 10 11
㉒3 4 5 6 7 8

12个备选号码（中六保五）型矩阵（38注）：

①1 2 3 4 5 7　②1 2 3 4 5 12　③1 2 3 4 6 10
④1 2 3 6 8 12　⑤1 2 3 7 9 10　⑥1 2 4 8 9 11

⑦1 2 5 6 9 11　　⑧1 2 5 10 11 12　　⑨1 2 6 7 8 10
⑩1 3 4 8 9 11　　⑪1 3 5 6 7 11　　⑫1 3 5 8 10 11
⑬1 3 6 9 10 12　　⑭1 4 5 6 8 10　　⑮1 4 5 6 9 10
⑯1 4 6 7 11 12　　⑰1 4 7 8 9 12　　⑱1 4 7 10 11 12
⑲1 5 7 8 9 12　　⑳2 3 4 6 10 11　　㉑2 3 5 6 8 9
㉒2 3 5 6 10 11　　㉓2 3 5 8 9 10　　㉔2 3 7 8 11 12
㉕2 3 7 9 11 12　　㉖2 4 5 7 8 11　　㉗2 4 6 7 9 12
㉘2 4 8 9 10 12　　㉙2 5 6 7 10 12　　㉚3 4 5 9 11 12
㉛3 4 6 7 8 9　　㉜3 4 7 8 10 12　　㉝3 5 6 7 10 12
㉞4 5 6 8 11 12　　㉟4 5 7 9 10 11　　㊱5 7 8 9 11 12
㊲6 7 8 9 10 11　　㊳6 8 9 10 11 12

以10个备选号码（中六保五）型矩阵为例。

预测2015152期号码。151期开奖号码：05、06、08、23、31、32+11。

我们选择10个备选号码：05、18、19、20、21、22、26、29、31、32。

最简单的方法：将1~10数字列出，再将备选号码列在其下。

01 02 03 04 05 06 07 08 09 10

05 18 19 20 21 22 26 29 31 32

然后利用上述10个备选号码的公式对应换码。

①05 18 19 22 26 31　　②18 20 22 26 31 32　　③19 22 26 29 31 32
④05 18 19 22 29 31　　⑤20 21 22 29 31 32　　⑥05 19 20 26 31 32
⑦05 19 20 21 29 31　　⑧18 19 20 21 31 32　　⑨05 19 20 21 22 26
⑩05 18 20 22 26 29　　⑪05 18 19 21 22 32
⑫05 18 21 26 29 32　　⑬18 19 20 21 26 29
⑭05 18 19 20 29 32

2015152期开出 11、18、19、21、29、32+12，中出5注4红。

这种方法可能有些耽误时间，但却最简单而且易于操作。

每章归纳

本章节主要介绍组号的过程，是前一章内容的精华总结。

第六章　双色球实战运用步骤

前面讲解了步骤选号的基本操作方法，本章讲解实际运用的操作技巧。

以 2015154 期开奖号码 "07、09、11、15、18、25＋07" 预测 2016001 期。

第一步：超级大底围红。

每一期开奖号码，历史同期号码中会开出 4~6 个号码，我们可以利用这一点进行超级大底围红。

将历史 001 期开奖号码从历史开奖实录中全部挑选出：

03001：10 11 12 13 26 28+11

04001：01 02 03 07 10 25+07

05001：01 07 08 23 27 28+14

06001：01 12 15 19 21 28+03

07001：02 04 09 10 20 26+14

08001：02 04 07 09 14 29+03

09001：04 21 23 24 30 31+04

10001：07 17 18 27 29 32+13

11001：03 09 20 24 26 32+10

12001：01 04 05 09 15 17+06

13001：06 08 14 15 24 25+06

14001：03 09 15 20 27 29+01

15001：01 07 09 16 20 23+06

去掉相同的数字与蓝球号码：

10 11 12 13 26
28 01 02 03 07
25 08 23 27 15
19 21 04 09 20
14 29 24 30 31
17 18 32 05 06
16

删掉两个号码,剩余31个,我们将这31个号码当作超级大底。

第二步:定胆和胆尾。

有些朋友可能会去杀号,那是错误的做法,先定出胆码、胆尾和其他号码分成两派,再进行杀码。图形定胆法暂且不使用,最后在图中精选时使用。

方法一:上期红球总和数分别减去每一个红球并除以每一个红球,去掉余数,保留得数。

$07+09+11+15+18+25=85$。

(85−07)/07=11　　　(85−11)/11=6　　　(85−18)/18=3

(85−09)/09=8　　　(85−15)/15=4　　　(85−25)/25=2

方法二:同尾定胆尾。

2015154期同尾号:15、25。

方法三:开奖号码按大小顺序排列,前两位数相加;后两位数相加。

$07+09=16$,$18+25=43$。

方法四:把双色球的6个红球奖号按照大小顺序排列,将第三位奖号对应的尾数标注出来,给这个尾数加4,得到一个新的数字;新的数字再加3,得到第二个新的数字,如果它们超过10,就给它再取尾数。这两个尾数就是下期胆尾目标。

2015154期第三位红球11,$1+4=5$,$5+3=8$。

方法五:两数中间定胆:08、10、12、13、14、16、17、19、20、21、22、23、24。

方法六:黄金分割是数字排列中一个非常有意思的现象,分割率为0.618,如果把数字和黄金分割率对应,它们组合成的新数字极容易出现。

$07 \times 0.618 = 04$　　　$09 \times 0.618 = 05$ 或 06　　　$11 \times 0.618 = 07$

$15 \times 0.618 = 09$　　　$18 \times 0.618 = 11$　　　$25 \times 0.618 = 15$

将胆尾对应的号码和胆码进行整理。

暂定胆码：

01 02 03 04 05

06 07 08 09 10

11 12 13 14 15

16 17 18 19 20

21 23 24 25 26

28 31 32

第三步：杀号。

杀号的时候要有规律性的杀号。分两波进行。

(1) 第一波杀号：结合上 5 期杀号的正确率选择使用。

方法一：和值杀号法，开奖 6 红分别单一相加（如 25，拆分为 2+5=7），拆分相加的值，再进行相加，大于 33，减去 33。

$0+7+0+9+1+1+1+5+1+8+2+5 = 40 - 33 = 07$。

方法二：蓝号杀下期红球，上期蓝号 07。

方法三：AC 值杀下期红球，上期 AC 值 07。

方法四：蓝球+AC 值=杀红，07+07=14。

方法五：红球尾数之和杀下期红球，$7+9+1+5+8+5 = 35 - 33 = 02$。

杀号为：02、07、14。

(2) 第二波杀号：降龙十八掌。将六个号码从小到大排列，用 A、B、C、D、E、F 代替。

第一掌：15153 期中奖号码：08、11、15、22、27、29+03；

　　　　15154 期中奖号码：07、09、11、15、18、25+07。

第二掌：用上期（A+B）得出的号码就是下期要杀的号。我们用 A+B 即 07+09=16，16 就是下期要杀的号。

第三掌：用（B-A）杀下期号码。即 09-07=02，02 就是下期要杀的号。

第四掌：用（D+A）杀下期号码（得出的号码如果大于 33 就减去 33，余数就是下期要杀的号。下面公式如果相加大于33的也用同样减去33得出的数就是要杀的号。下同)。D+A即15+07=22，杀22。

第五掌：用（E-C）杀下期号码。即18-11=07，杀07。

第六掌：用（F-B+1）杀下期号码。即25-9+1=17，杀17。

第七掌：用（F-B+10）杀下期号码。即25-9+10=26，杀26。

第八掌：用（D-A+7）杀下期号码。即15-07+7=15，杀15。

第九掌：用（A+12）杀下期号码。即07+12=19，杀19。

第十掌：用（F-A）杀下期号码。即25-07=18，杀18。

第十一掌：用（F+蓝球）大于33，减去33杀下期号码。即25+07=32，杀32。

第十二掌：用（A+B+C）/3取整数，杀下期号码。即（07+09+11）/3=09，杀09。

第十三掌：用（B+C+D+E+蓝球）/6取整数，杀下期号码。即（09+11+15+18+07）/6=10，杀10。

第十四掌：用（C+D+E+F）/4取整数，杀下期号码。即（11+15+18+25）/4=17，杀17。

第十五掌：用（B+蓝球）杀下期号码。即09+07=16，杀16。

第十六掌：用（B+C）杀下期号码。即09+11=20，杀20。

第十七掌：用（E-D+10）杀下期号码。即18-15+10=13，杀13。

第十八掌：用上上期的（B+F+1）得出的数就是下期要杀的号码。即11+29+1=41-33=08，杀08。

第一波杀号：

分加杀号：07。

蓝球杀号：07。

AC值杀号：07。

蓝+AC值杀号：14。

红尾相加杀号：02。

第二波杀号：

A+B杀号：16。

B−A 杀号：02。

D+A 杀号：22。

E−C 杀号：07。

F−B+1 杀号：17。

F−B+10 杀号：17。

D−A+7 杀号：15。

A+12 杀号：19。

F−A 杀号：18。

F+蓝杀号：32。

（A+B+C）/3 杀号：09。

（B+C+D+E+蓝）/6 杀号：10。

（C+D+E+F）/4 杀号：17。

B+蓝杀号：16。

B+C 杀号：20。

E−D+10 杀号：13。

上上期 B+F+1 杀号：08。

将多次（两次以上）重复杀码提取绝杀：

02、07、16、17（多次重复杀号有时多有时少）

第四步：走势图再次统计。

暂定备选码：01、03、04、05、06、11、12、21、23、24、25、28、31。

暂定杀码：02、07、08、09、10、13、14、15、16、17、18、19、20、22、26、32。

07、08、09 形成三角图形，并且周围号码下号均匀，为绝杀码；11 和 15 形成矩形并 11 连出三期也应杀；02 和 12 为极冷码，出现概率甚微，应杀掉。

因上所述，备选码为：01、03、04、05、06、21、23、24、25、28、31；杀码为：02、07、08、09、10、11、12、13、14、15、16、17、18、19、20、22、26、32。

第五步：杀码中捡胆码。

我们杀号必定有错杀的号码，需要再次进行验证（防错）。

(1) 在杀码中找出绝杀码：02、07、08、09、10、11、12、15、16、17。

(2) 将绝杀后剩余号码列出：13、14、18、19、20、22、26、32。

第六步：综合选号进行跟踪杀号。

备选号码：01、03、04、05、06、13、14、18、20、21、22、23、24、25、26、28、31、32。

我们发现03、04、05、06和20、21、22、23、24、25、26这两组号码连号颇多，绝对有绝杀号码存在，而且其中必有胆码。这怎么办呢？其实并不难解决。我们再次确定了胆尾，可以再次确定胆码啊！

再次利用这两种方法，就可以了。

(1) 两数中间定胆。08、10、12、13、14、16、17、19、20、21、22、23、24。

(2) 黄金分割。黄金分割是数字排列中一个非常有意思的现象，分割率为0.618，如果把数字和黄金分割率对应，它们组合成的新数字极容易出现。

$07 \times 0.618 = 04$　　　$09 \times 0.618 = 05$ 或 06　　　$11 \times 0.618 = 07$

$15 \times 0.618 = 09$　　　$18 \times 0.618 = 11$　　　$25 \times 0.618 = 15$

将与定胆号码重复的号码留下，其他的删除。

03、04、05、06中04、05、06与定出的胆号重复，予以保留。03可以剔除。

21、22、23、24、25、26中21、22、23、24与定出的胆码重复，予以保留。25、26剔除。

这样一来，我们所选的号码就剩下01、04、05、06、13、14、18、20、21、22、23、24、28、31、32（15码）。

第七步：旋转矩阵组号。

01 04 05 06 13 24　　01 04 05 06 14 22　　01 04 05 13 14 23

01 04 05 18 28 32　　01 04 05 20 21 31　　01 04 05 22 23 24

01 04 06 18 20 23　　01 04 06 20 28 31　　01 04 06 21 23 32

01 04 13 14 18 31　　01 04 13 18 21 22　　01 04 13 20 24 32

01 04 13 21 24 28　　01 04 14 18 21 24　　01 04 14 20 22 32

01 04 14 21 22 28　　01 04 18 22 24 31　　01 04 23 28 31 32

01 05 06 18 20 21　　01 05 06 18 31 32　　01 05 06 21 23 28

第六章　双色球实战运用步骤

01 05 13 14 21 32	01 05 13 18 22 23	01 05 13 20 22 28
01 05 13 24 28 31	01 05 14 18 23 24	01 05 14 20 24 28
01 05 14 22 28 31	01 05 20 23 31 32	01 05 21 22 24 32
01 06 13 14 18 28	01 06 13 14 21 31	01 06 13 20 22 32
01 06 13 22 23 31	01 06 13 22 28 32	01 06 14 20 24 32
01 06 14 23 24 31	01 06 14 24 28 32	01 06 18 22 24 28
01 06 21 22 24 31	01 13 14 20 23 28	01 13 14 22 24 31
01 13 18 20 24 31	01 13 18 23 24 32	01 13 20 21 23 24
01 13 21 22 31 32	01 14 18 20 22 31	01 14 18 22 23 32
01 14 20 21 22 23	01 14 21 24 31 32	01 18 20 21 28 32
01 18 21 23 28 31	01 20 22 23 24 28	04 05 06 13 21 22
04 05 06 14 21 24	04 05 06 18 23 31	04 05 06 20 28 32
04 05 13 18 20 24	04 05 13 21 22 32	04 05 13 22 28 31
04 05 13 22 31 32	04 05 14 18 20 22	04 05 14 24 28 31
04 05 14 24 31 32	04 05 18 21 23 32	04 05 20 21 23 28
04 06 13 14 18 32	04 06 13 14 20 21	04 06 13 14 23 28
04 06 13 22 23 28	04 06 13 24 31 32	04 06 14 22 31 32
04 06 18 21 28 31	04 06 18 22 24 32	04 06 20 21 22 24
04 06 22 23 24 28	04 13 14 18 20 28	04 13 14 21 28 32
04 13 14 22 24 32	04 13 18 23 24 28	04 13 20 22 23 31
04 13 20 22 23 32	04 13 21 23 24 31	04 14 18 22 23 28
04 14 20 23 24 28	04 14 20 23 24 31	04 14 20 23 24 32
04 14 21 22 23 31	04 18 20 21 31 32	04 18 20 22 24 28
04 21 22 24 28 32	05 06 13 14 20 31	05 06 13 14 23 32
05 06 13 18 22 28	05 06 13 20 23 24	05 06 14 18 24 28
05 06 14 20 22 23	05 06 20 22 24 31	05 06 21 28 31 32
05 06 22 23 24 32	05 13 14 18 20 32	05 13 14 18 21 28
05 13 14 20 22 24	05 13 14 21 23 31	05 13 18 21 24 31
05 13 20 21 22 32	05 13 23 24 28 32	05 14 18 21 22 31

05 14 20 21 24 32   05 14 22 23 28 32   05 18 20 22 24 32
05 18 20 23 28 31   05 18 21 22 24 28   05 21 22 23 24 31
06 13 14 21 22 24   06 13 18 20 22 31   06 13 18 21 22 23
06 13 18 21 24 32   06 13 20 21 24 28   06 13 23 24 28 31
06 14 18 20 24 31   06 14 18 21 22 32   06 14 18 21 23 24
06 14 20 21 22 28   06 14 22 23 28 31   06 18 20 23 28 32
06 20 21 23 31 32   13 14 18 20 21 23   13 14 18 22 23 28
13 14 18 23 31 32   13 14 20 28 31 32   13 18 22 28 31 32
13 20 21 22 28 31   13 20 24 28 31 32   13 21 22 23 28 32
14 18 24 28 31 32   14 20 21 24 28 31   14 20 22 28 31 32
14 21 23 24 28 32   18 20 21 22 23 24   18 22 23 24 31 32
20 22 24 28 31 32

将历史同期号码最后一期排出。例如，2015001期在16001期开奖前就是001期的最后一期号码，号码为：01、07、09、16、20、23+06。

注数筛选方法：①除去杀号码剩余：01、20、23，把旋转矩阵后的组合号码中没有这三个号码的排出，出一出二出三全部保留。②看断区，如果不看好断区，那么就可以删除断区的组合。本期不看好断一区，所以把大号开头全部杀掉。③确定奇偶比，本期看好2∶4、3∶3、1∶5。

1) 01 04 05 22 23 24   01 04 06 18 20 23   01 04 06 20 28 31
2) 01 04 06 21 23 32   01 04 13 14 18 31   01 04 13 18 21 22
3) 01 04 13 20 24 32   01 04 13 21 24 28   01 04 14 18 21 24
4) 01 04 14 20 22 32   01 04 14 21 22 28   01 04 18 22 24 31
5) 01 04 23 28 31 32   01 05 06 18 20 21   01 05 06 18 31 32
6) 01 05 13 20 22 28   01 05 14 18 23 24   01 05 14 20 24 28
7) 01 05 14 22 28 31   01 05 21 22 24 32   01 06 13 14 18 28
8) 01 06 13 20 22 32   01 06 13 22 28 32   01 06 14 20 24 32
9) 01 06 14 23 24 31   01 06 14 24 28 32   01 06 18 22 24 28
10) 01 06 21 22 24 31   01 13 14 20 23 28   01 13 14 22 24 31
11) 01 13 18 20 24 31   01 13 18 23 24 32   01 14 18 20 22 31

12) 01 14 18 22 23 32   01 14 20 21 22 23   01 14 21 24 31 32
13) 01 18 20 21 28 32   01 20 22 23 24 28   04 05 06 18 23 31
14) 04 05 06 20 28 32   04 05 13 18 20 24   04 05 14 18 20 22
15) 04 05 18 21 23 32   04 05 20 21 23 28   04 06 13 14 20 21
16) 04 06 13 14 23 28   04 06 13 22 23 28   04 06 20 21 22 24
17) 04 06 22 23 24 28   04 13 14 18 20 28   04 13 18 23 24 28
18) 04 13 20 22 23 31   04 13 20 22 23 32   04 14 18 22 23 28
19) 04 14 20 23 24 28   04 14 20 23 24 31   04 14 20 23 24 32
20) 04 14 21 22 23 31   04 18 20 21 31 32   05 06 13 14 20 31
21) 05 06 13 14 23 32   05 06 13 20 23 24   05 06 14 20 22 23
22) 05 06 20 22 24 31   05 06 22 23 24 32   05 13 14 18 20 32
23) 05 13 14 20 22 24   05 13 20 21 22 32   05 13 23 24 28 32
24) 05 14 20 21 24 32   05 14 22 23 28 32   05 18 20 22 24 32
25) 05 18 20 23 28 31   06 13 18 20 22 31   06 13 18 21 22 23
26) 06 13 20 21 24 28   06 13 23 24 28 31   06 14 18 20 24 31
27) 06 14 18 21 23 24   06 14 20 21 22 28   06 14 22 23 28 31
28) 06 18 20 23 28 32   06 20 21 23 31 32

共有 83 注组号，需要 166 元。不想买这么多注还可以进行筛选。还可以利用个人经常用的杀号，定胆方法做辅助参考，更好地进行筛选。例如，大小比等，或是定出独胆后把不包含该胆码的注数删除。

16001 期开奖号码：06、13、16、18、20、22。

15 码围红中 5 红，组号以后中 4 红 5 红。

蓝球暂且不算，4+0 中 10 元、5+0 中 200 元，花 166 元中 200~300 元。

方法烦琐一些，但是中奖概率得到了保障，切勿心浮气躁。只要持之以恒，总有一天大奖自然来临。

第八步：围蓝。

选择蓝球就简单多了，直接利用前面讲过的杀号方法进行系统杀号。预测 16001 期蓝球。

前五期号码：

2015154：07 09 11 15 18 25+07

2015153：08 11 15 22 27 29+03

2015152：11 18 19 21 29 32+12

2015151：05 06 08 23 31 32+11

2015150：01 03 08 11 29 31+13

方法一：当期摇奖期号乘以15，加第一位红球号码，再加10，除16后，取余数杀号。

(1×15+07+10) /16　取尾 0 杀 10

方法二：当期摇奖期号乘以16，加第一位红球号码，再加3，除16后，取余数杀号。

(1×16+07+3) /16　取尾杀 10

方法三：当期摇奖期号乘以11，加第四位红球号码，再加1，除16后，取余数杀号。

(1×11+15+1) /16　取尾杀 11

方法四：当期摇奖期号乘以13，加第四位红球号码，再加9，除16后，取余数杀号。

(1×13+15+9) /16　取尾杀 05

方法五：当期摇奖期号乘以11，加第二位红球奖号，除16后，取余数杀号。

(1×11+09) /16　取尾杀 04

方法六：当期摇奖期号乘以12，加第四位红球号码，再加12，除16后，取余数杀号。

(1×12+15+12) /16　取尾杀 07

方法七：当期摇奖期号乘以13，加第四位红球号码，再加11，除16后，取余数杀号。

(1×13+15+11) /16　取尾杀 07

方法八：当期摇奖期号乘以8，加第六位红球号码，再加1，除16后，取余数杀号。

(1×8+25+1) /16　取尾杀 02

方法九：A+B 绝杀法。

绝杀公式：L=A+B

式中，L代表本期要绝杀蓝球；A代表上上期实际开出的蓝球；B代表上期实际开出的蓝球。

绝杀原理：A+B的和为一个自然数时，直接杀该数，A+B的和为两位数时，取个位也就是和尾绝杀。A+B的和为0时，绝杀10。

07+03=10　杀10

方法十。

绝杀公式：L=A+16

式中，L代表本期要绝杀蓝球；A代表上期实际开出蓝球号码。

绝杀原理：上期蓝球+16的和均为两位数，取其个位也就是尾数作为本期绝杀号。尾数值为0的，绝杀10。

07+16=23　杀03

方法十一：A+B+C绝杀法。

绝杀公式：L=A+B+C

式中，L代表本期要绝杀的蓝球；A代表上期实际开出蓝球；B代表上上期实际开出蓝球；C代表上三期实际开出蓝球。

绝杀原理：A+B+C的和均为两位数，取其个位也就是尾数作为本期绝杀号。尾数值为0，绝杀10。

07+03+12=22　杀02

方法十二：A+B+C+D绝杀法。

绝杀公式：L=A+B+C+D

式中，L代表本期要绝杀的蓝球；A代表上期实际开出蓝球；B代表上上期实际开出蓝球；C代表上三期实际开出蓝球；D代表上四期实际开出蓝球。

绝杀原理：A+B+C+D的和均为两位数，取其个位也就是尾数作为本期绝杀号。尾数值为0，绝杀10。

07+03+12+11=33　杀03

方法十三：上期蓝球S+G绝杀法。

绝杀公式：L=S+G

式中，L代表本期绝杀蓝球；S代表上期蓝球的十位数字；G代表上期蓝球的个位数字。

绝杀原理：①上期蓝球大于10，十位和个位直接相加，取和绝杀。②上期蓝球小于或等于10，先加16，如果相加后尾数为0时，再加16，后将得数的十位和个位相加，相加后的和为绝杀数。

对应杀号：

上期出 01 下期杀 08　　上期出 02 下期杀 09

上期出 03 下期杀 10　　上期出 04 下期杀 02

上期出 05 下期杀 03　　上期出 06 下期杀 04

上期出 07 下期杀 05　　上期出 08 下期杀 06

上期出 09 下期杀 07　　上期出 10 下期杀 01

上期出 11 下期杀 02　　上期出 12 下期杀 03

上期出 13 下期杀 04　　上期出 14 下期杀 05

上期出 15 下期杀 06　　上期出 16 下期杀 07

方法十四：上期蓝球 S-G 绝杀法。

绝杀公式：L=S-G

式中，L 代表本期要绝杀蓝球；S 代表上期蓝球十位数字；G 代表上期蓝球个位数字。

绝杀原理：上期蓝球大于10时，十位数字和个位数字直接相减。

上期蓝球小于或等于10时，先加16，如果相加后尾数为0，再加16，然后将得数的十位和个位相减。相减后不论正负数，取绝对值作为绝杀号。相减后差为0，都绝杀10。

07+16=23　3-2=1　杀 01

方法十五：固定杀号法，如表6-1所示。

表 6-1　固定杀号法

蓝球	杀码
01	06，13，14，16
02	04，05，09，16
03	02，06，10，12
04	02，05，10，11
05	02，08，11，16

第六章 双色球实战运用步骤

续表

蓝球	杀码
06	04，07，09，12
07	03，06，09，11
08	01，07，12，16
09	02，03，06，14
10	02，06，08，16
11	01，03，08，15
12	02，03，04，05
13	05，09，10，11
14	03，05，07，15
15	03，04，06，07
16	01，03，08，13

综上所述，杀号为：02、03、04、05、06、07、09、10、11。

剩余号码为：01、08、12、13、14、15、16，可以再结合走势图或利用前面讲到的确定1~2个号码。

16001期开出13。

红球中4红5红，围蓝号码填充正确的情况下，中4+1，200元。

中5+1，3000元。

每章归纳

本章系统地梳理了选号码的全过程，这也是本书的核心所在。

|下篇|

七 乐 彩

排除为先　而后定胆
精选　精选　精选

第七章　七乐彩重要术语解释

术语是指各门学科中的专门用语。用来正确标记生产技术、科学、艺术、社会生活等各个专门领域中的事物、现象、特性、关系和过程的专门用语。

（1）大数码和小数码：简称大码和小码，某种玩法最大数除以2，得出的平均数之前的号码为小码，之后为大码。七乐彩的小码为1~15，大码为16~30。

（2）最大码和最小码：分析开出的号码中最大的数和最小的数。通常10以下和20以上都有奖号，但不是绝对的。

（3）重叠码：与上期开出的中奖号码相同的号码就称为重叠码。

（4）边码：与上期开出的中奖号码加减余1的号码就称为边码，如上期开出03，本期开出02或04，都是边码。

（5）斜连码：与历期中奖号码构成斜连形状的号码称为斜连码。

（6）对望码：上下数期直观上呈现一定规律出现的号码称为对望码，可分为等量、递减、递增、倍增、倍减出现的对望码五种。

（7）三角码：走势图上3个号码呈现三角形形状的号码称为三角码。

（8）黄金码：指在走势图竖看并按黄金分割法间隔1、2、3、5、8、13、21等出现的号码，就称为黄金码。

（9）空门码：与历期特别是最近4期中奖号码没有任何联系的号码称为空门码。

（10）关系码：指与历期尤其是最近4期的中奖号码有联系的号码，一般重叠码、边码、斜连码、三角码、对望码、弧形码等均归入关系码行列。

（11）非关系码：指与最近4期中奖号码没有任何联系的号码。

（12）连码：分析开出的7个号码有两个或两个以上相连的号码。如上期开奖号码中有 12、13、25、26、27，则 12、13 为一对连码，称为单连码，25、26、27 为另一对连码，称为三连码。

(13) 同位码：也叫同音球、同尾球，是指一组中奖号码中尾数相同的号码，如 11、21、31 是同位码，05、15、25 也是同位码，一般每组中奖号码里都有 1~2 对同位码出现。

(14) 间隔码：指在走势图上横看呈现有序间隔 1-N 个空格出现的号码，如 1-4-7、12-16-20 等。

(15) 缘分码：指在同一期中奖号码中喜欢联袂出现的号码，如 03~18 同时出现，又指上期出现某个号码后，下期也常常出现另一个号码，均称为缘分码。

(16) 边缘码：指按 5 个号码为 1 个小区划分后，处在边缘两边的号码。七乐彩有 1-5-6-10-11-15-16-20-21-25-26-30 共 12 个边缘码。

(17) 集团号码：指将备选号码按个位数 0-2-5-8、1-4-7、3-6-9 划分后分为的三个集团号码，如 16 属于 3-6-9 集团，25 属于 0-2-5-8 集团，04 属于 1-4-7 集团等。

(18) 个位数：指一注中奖号码里所出现的 0~9 这 10 个个位数的号码。

(19) 总值：指 7 个中奖号码之和。

(20) 均数：指 7 个中奖号码总值除 7 后所得出的平均数。

(21) 极差：指 7 个中奖号码中最大的号码和最小的号码之间的差。

(22) 平均和数值：平均和 = (最大号 + 最小号) × 基本号码个数/2，七乐彩号码平均和数值为 $(30+1) \times 7/2 = 108.5$。

(23) 012 路，即被 3 整除数，除 3 余 1 数，除 3 余 2 数：指用这种办法把所有号码除了后所得出的数字，可分成三类。历史上很少有开奖号码是只含其中的一类数的，也很少只有两类数的。如 03、06、09、12、15、24、27 这种全部能被 3 整除的数是不太可能一齐出来的。按这种思路，假定开奖组合都有这三类数，则可排除许多组合。

(24) 5 的倍数：被 5 整除的数。历史上很少有开奖号超过 5 个是 5 的倍数的，但也可以没有一个是 5 的倍数的中奖号码。这些概念有助于我们选号。

(25) 胆码：也叫"心水"码。就是您认为下期必出的号码球。如认为 02 和 05 是胆码，则可在全部的组合号码投注注数里将胆码放进去，胆码的个数可任意设定，一般不超过6个。

（26）拖码：就是与胆码配合组成的投注号码，其重要性低于胆码，拖码的备选数量可任意设定，但与胆码组合时则视胆码数量而定。

（27）复式投注：指在备选号码中自选或机选超过7个号码的投注。复式投注其实是一组有一定关系的单式投注，其特色是网密、简便，在彩民中也极流行。

（28）多倍投注：指在投注后按同样的号码再进行1倍以上的投注。

（29）热码：指最近4期中奖号码中连续出现2次或分别出现3次以上的号码。

（30）冷码：最近4期中中奖号码中没有出现过的号码。

（31）温码：指最近4期中奖号码中介于热码和冷码之间的号码。

（32）中奖号码模式：指中奖号码的分布形态，一般可分为小号码、中号码、大号码、小大号码、小中大号码、小中号码、中大号码7种模式。

（33）延伸和相接连码：指在上期出现了一组连码后，其中的一个连码又成为下期一组连码的连码，或者出现一个自然数与上期号码相接的连码，分别称为延伸和相接连码。

（34）衔接号码：指最近几期的号码能够相互按自然数顺序紧密衔接起来的号码，如1-2-3、4-5、6-7-8等。

（35）质数码：指只能被自身和1整除的号码，仅有2、3、5、7、11、13、17、19、23、29共10个，一般中奖号码常出现1~3个质数码。

（36）叠连码和连叠码：指上期中奖号码出现后，引出下期一组相重叠的连码，或者上期出现连码后，引出下期其中1个号码重叠，就分别称为叠连码和连叠码。

（37）遗漏：指开奖号码中没有出现的号码。

（38）跳号：隔期出现的号码。

（39）低尾码：尾数为0~4的号码称为低尾号码。如01、11、13、24……。

（40）高尾码：尾数为5~9的号码称为高尾号码。如15、16、26、28……。

每章归纳

本章主要讲了七乐彩的名词定义解释。

第八章　七乐彩同期历史开奖实录

每一期的开奖号码，大多数是从历史同期中产生的，但是不加特别号码。下面将2007001~2016005期的开奖号码历史展示如下，方便读者朋友查找。

表8-1　开奖号

期　号	开奖号码
	基本号码+特别号码
2007001	04 14 19 22 26 29 30+11
2008001	02 04 05 07 12 14 16+01
2009001	02 03 04 14 15 23 26+08
2010001	02 10 11 15 16 20 27+04
2011001	13 16 17 19 21 26 27+01
2012001	02 11 16 18 20 29 30+14
2013001	03 07 08 12 13 15 22+21
2014001	03 04 09 18 19 20 27+16
2015001	09 12 18 20 21 22 27+06
2016001	16 18 20 21 22 23 24+29
2017001	
2018001	
2007002	01 02 06 11 14 19 27+24
2008002	06 16 17 18 19 24 25+10
2009002	10 14 15 20 23 25 29+11
2010002	02 05 11 15 16 23 25+07
2011002	04 09 14 18 20 25 26+24
2012002	02 06 14 19 21 27 30+05
2013002	08 15 16 18 19 25 28+02
2014002	01 07 11 16 18 21 28+12

续表

期　号	开奖号码
	基本号码 + 特别号码
2015002	02 03 10 18 25 27 30+24
2016002	04 06 15 18 23 25 26+12
2017002	
2018002	
2007003	06 08 10 21 25 28 29+11
2008003	06 07 08 12 22 28 29+04
2009003	01 09 10 12 15 19 21+17
2010003	04 05 07 13 16 22 24+26
2011003	08 13 20 21 22 25 30+07
2012003	05 14 20 21 22 26 28+10
2013003	04 06 13 16 18 19 25+24
2014003	03 11 14 16 19 24 27+09
2015003	06 07 11 13 17 19 30+20
2016003	01 08 12 13 21 26 28+27
2017003	
2018003	
2007004	01 02 03 04 08 23 28+15
2008004	01 06 12 15 23 25 28+08
2009004	10 12 16 18 21 24 26+06
2010004	02 05 08 14 21 23 28+20
2011004	04 10 12 13 14 20 30+19
2012004	05 08 13 16 17 19 24+12
2013004	02 07 08 14 17 20 25+09
2014004	07 13 16 19 23 24 27+04
2015004	08 10 12 13 18 22 24+20
2016004	04 07 09 13 15 21 28+29
2017004	
2018004	
2007005	01 03 08 18 25 27 29+13
2008005	01 06 09 12 13 14 30+23
2009005	06 08 13 18 22 28 29+01
2010005	04 06 08 13 17 22 27+16
2011005	01 07 08 09 19 21 29+12
2012005	01 06 09 15 18 22 27+11
2013005	03 10 11 20 24 25 28+27
2014005	05 12 13 21 24 27 28+15

第八章　七乐彩同期历史开奖实录

续表

期　号	开奖号码
	基本号码+特别号码
2015005	08 14 18 23 25 28 29+03
2016005	02 03 04 20 21 23 26+22
2017005	
2018005	
2007006	01 04 12 14 22 25 26+18
2008006	03 12 14 18 20 28 29+19
2009006	04 08 11 16 20 25 26+09
2010006	03 05 06 10 13 20 22+24
2011006	02 10 15 16 20 24 25+22
2012006	11 15 18 19 20 27 28+13
2013006	01 08 13 16 21 25 29+18
2014006	06 07 09 10 25 26 28+22
2015006	07 10 13 18 21 27 28+05
2016006	
2017006	
2018006	
2007007	02 03 11 15 19 24 28+12
2008007	02 05 10 11 17 18 20+25
2009007	03 05 06 11 19 20 25+12
2010007	10 11 12 19 20 24 28+22
2011007	01 06 15 16 22 25 26+17
2012007	01 09 16 17 20 27 29+15
2013007	01 02 04 05 06 15 26+19
2014007	01 02 03 04 07 08 11+16
2015007	03 04 05 11 16 18 23+17
2016007	
2017007	
2018007	
2007008	03 06 19 23 25 26 30+04
2008008	01 05 06 14 20 23 28+12
2009008	01 02 04 15 20 22 23+13
2010008	04 10 14 18 19 21 22+05
2011008	01 03 08 09 10 13 29+06
2012008	01 07 09 13 19 21 23+05
2013008	02 19 21 23 25 27 28+18
2014008	02 06 10 14 22 27 30+23

续表

期　号	开奖号码
	基本号码 + 特别号码
2015008	03 04 06 11 17 23 25+28
2016008	
2017008	
2018008	
2007009	01 04 12 19 22 23 25+21
2008009	03 06 10 20 22 24 28+30
2009009	05 08 10 19 22 24 28+06
2010009	02 06 07 08 12 20 25+10
2011009	04 06 09 13 15 18 27+12
2012009	02 04 10 18 24 26 27+28
2013009	08 15 18 19 20 26 29+01
2014009	01 09 17 18 21 22 25+13
2015009	02 06 07 11 19 23 30+04
2016009	
2017009	
2018009	
2007010	04 05 18 22 25 26 28+19
2008010	01 02 11 14 21 23 27+17
2009010	11 12 21 23 24 26 28+09
2010010	02 10 11 19 21 25 30+06
2011010	05 06 17 22 25 26 28+01
2012010	01 08 13 15 22 25 30+21
2013010	01 02 13 14 16 19 26+05
2014010	01 07 16 19 21 23 27+10
2015010	05 09 15 21 26 27 30+17
2016010	
2017010	
2018010	
2007011	11 16 17 20 21 27 28+30
2008011	03 09 17 20 24 26 27+15
2009011	01 03 04 17 20 23 30+18
2010011	02 06 09 14 21 23 27+26
2011011	10 13 15 18 25 26 27+22
2012011	01 05 07 15 22 25 28+21
2013011	02 03 07 08 10 16 20+29
2014011	01 03 10 17 22 29 30+25

续表

期　号	开奖号码
	基本号码＋特别号码
2015011	01 03 04 09 14 19 25+06
2016011	
2017011	
2018011	
2007012	12 14 17 21 22 29 30+19
2008012	01 06 07 08 19 22 28+23
2009012	01 02 07 10 17 24 29+06
2010012	11 17 18 20 23 26 29+01
2011012	06 09 11 15 18 23 29+27
2012012	01 11 13 16 20 24 29+05
2013012	03 05 08 13 19 22 29+06
2014012	06 08 15 19 24 26 29+27
2015012	02 05 06 11 16 18 23+12
2016012	
2017012	
2018012	
2007013	04 08 12 16 20 24 28+19
2008013	11 15 16 20 25 27 29+28
2009013	06 08 12 15 22 28 29+20
2010013	02 06 09 13 18 19 23+24
2011013	07 11 12 13 20 21 27+03
2012013	03 11 18 21 23 27 30+10
2013013	04 10 19 20 21 23 26+02
2014013	05 06 09 16 19 21 30+18
2015013	05 15 20 21 22 24 25+28
2016013	
2017013	
2018013	
2007014	02 04 09 10 18 25 26+15
2008014	06 09 14 20 23 24 25+15
2009014	06 07 10 12 21 22 28+23
2010014	06 07 17 18 21 24 28+10
2011014	02 04 07 12 17 21 29+09
2012014	02 04 07 17 21 25 28+06
2013014	01 12 14 19 25 26 30+03
2014014	02 08 21 26 27 28 30+15

续表

期　号	开奖号码
	基本号码 + 特别号码
2015014	01 11 16 23 26 27 30+19
2016014	
2017014	
2018014	
2007015	01 02 05 11 14 16 21+23
2008015	01 06 08 12 16 17 18+10
2009015	09 13 14 22 26 27 28+16
2010015	06 07 10 15 18 26 30+12
2011015	01 02 06 07 09 17 18+19
2012015	02 07 08 18 24 25 30+28
2013015	01 05 06 12 18 19 28+09
2014015	02 05 15 19 20 23 26+10
2015015	06 08 11 20 22 25 27+30
2016015	
2017015	
2018015	
2007016	03 09 15 19 21 22 28+07
2008016	03 09 12 15 20 21 28+24
2009016	05 11 15 17 20 23 29+01
2010016	02 15 18 19 25 26 27+24
2011016	02 04 12 20 21 25 28+29
2012016	01 08 10 17 21 28 29+05
2013016	04 05 06 08 22 25 30+14
2014016	04 06 07 12 18 19 30+11
2015016	03 08 09 14 27 29 30+24
2016016	
2017016	
2018016	
2007017	03 04 05 07 13 22 25+27
2008017	06 10 14 17 18 24 25+21
2009017	12 15 18 21 26 27 30+24
2010017	01 03 04 06 10 27 30+18
2011017	04 08 11 12 14 26 28+27
2012017	03 04 13 21 24 25 30+23
2013017	04 08 09 11 14 24 29+10
2014017	01 11 12 15 24 28 30+07

续表

期　号	开奖号码
	基本号码+特别号码
2015017	02 04 11 19 21 23 26+30
2016017	
2017017	
2018017	
2007018	03 10 11 19 20 26 27+17
2008018	02 04 08 16 21 24 29+30
2009018	02 13 15 16 17 21 27+04
2010018	05 10 11 20 26 28 30+12
2011018	03 13 16 17 22 24 29+19
2012018	07 10 11 13 18 20 25+16
2013018	05 12 20 21 24 26 30+25
2014018	01 06 08 12 25 27 28+23
2015018	02 04 08 12 15 19 28+14
2016018	
2017018	
2018018	
2007019	04 07 10 11 17 22 30+24
2008019	01 05 06 13 14 21 22+16
2009019	01 02 13 15 21 22 24+05
2010019	01 03 08 12 14 17 22+13
2011019	01 03 05 06 14 16 21+29
2012019	02 05 07 10 14 19 21+11
2013019	05 18 19 20 24 25 27+14
2014019	04 05 06 17 18 22 28+01
2015019	04 07 11 13 24 26 29+08
2016019	
2017019	
2018019	
2007020	01 02 04 05 12 15 16+23
2008020	05 10 13 20 26 27 28+19
2009020	07 17 18 19 21 24 28+14
2010020	03 08 14 15 17 21 22+05
2011020	02 04 05 10 13 26 29+20
2012020	05 10 11 18 25 27 28+17
2013020	01 02 07 13 23 25 30+22
2014020	01 03 09 13 17 20 26+19

169

续表

期　号	开奖号码
	基本号码 + 特别号码
2015020	03 06 07 11 25 29 30+17
2016020	
2017020	
2018020	
2007021	01 02 03 12 15 22 24+23
2008021	01 11 12 13 14 25 27+18
2009021	01 15 22 23 24 28 29+13
2010021	01 03 05 09 12 16 22+04
2011021	03 11 15 22 23 27 30+21
2012021	02 04 07 08 18 20 24+17
2013021	04 06 08 12 22 25 28+17
2014021	01 02 07 14 24 25 28+05
2015021	07 09 10 11 13 22 23+16
2016021	
2017021	
2018021	
2007022	01 03 11 13 17 21 24+09
2008022	02 04 16 20 22 24 25+27
2009022	02 12 14 18 24 25 29+30
2010022	08 09 10 17 19 22 28+20
2011022	01 05 06 20 23 27 29+04
2012022	07 08 10 11 20 24 29+04
2013022	01 03 06 13 24 26 28+11
2014022	03 07 08 11 12 15 18+22
2015022	07 12 14 17 18 23 26+05
2016022	
2017022	
2018022	
2007023	05 07 16 17 19 20 24+01
2008023	01 02 03 07 13 29 30+08
2009023	01 09 10 13 15 21 29+02
2010023	02 11 13 16 19 20 23+17
2011023	03 11 15 20 22 25 28+16
2012023	06 12 16 17 19 26 30+27
2013023	01 10 13 20 24 25 28+02
2014023	02 05 06 18 24 27 28+11

续表

期 号	开奖号码
	基本号码 + 特别号码
2015023	03 05 10 17 20 23 25+19
2016023	
2017023	
2018023	
2007024	01 04 09 16 18 20 26+23
2008024	02 04 10 14 18 20 28+25
2009024	04 06 09 15 22 25 29+02
2010024	03 05 06 18 20 23 25+15
2011024	02 03 06 07 12 22 30+05
2012024	01 06 07 08 14 21 30+18
2013024	09 10 19 20 21 22 30+28
2014024	09 10 15 18 19 23 30+26
2015024	08 10 19 23 24 26 29+12
2016024	
2017024	
2018024	
2007025	09 11 14 16 17 21 30+04
2008025	03 06 09 10 12 15 30+29
2009025	05 09 19 21 27 29 30+20
2010025	04 05 14 15 17 22 23+01
2011025	04 07 09 11 16 21 28+14
2012025	06 07 12 13 17 21 27+29
2013025	04 07 10 19 26 27 29+16
2014025	01 02 05 10 12 18 28+25
2015025	03 09 10 15 17 21 24+18
2016025	
2017025	
2018025	
2007026	01 06 10 13 22 26 29+17
2008026	05 07 21 23 24 25 27+10
2009026	01 11 12 18 21 22 26+07
2010026	06 08 12 14 16 20 30+11
2011026	02 04 05 06 08 21 24+14
2012026	01 02 06 14 21 26 27+16
2013026	06 09 14 17 20 21 26+12
2014026	06 13 15 18 19 20 27+11

续表

期　号	开奖号码
	基本号码 + 特别号码
2015026	09 12 13 15 20 22 23+29
2016026	
2017026	
2018026	
2007027	08 09 17 18 19 24 25+29
2008027	06 07 08 12 18 22 28+17
2009027	11 13 18 19 23 24 25+04
2010027	01 04 09 15 26 28 29+25
2011027	02 05 13 21 25 26 29+09
2012027	03 05 06 15 18 26 30+22
2013027	01 05 07 13 18 23 28+10
2014027	01 08 10 13 20 26 29+09
2015027	02 03 05 12 18 19 27+21
2016027	
2017027	
2018027	
2007028	02 06 07 20 24 27 30+01
2008028	07 12 13 15 17 22 25+21
2009028	01 02 05 08 09 11 20+18
2010028	05 10 13 16 17 23 29+01
2011028	03 04 07 17 19 20 28+11
2012028	05 07 09 11 13 24 28+04
2013028	02 03 14 18 24 25 30+26
2014028	08 12 14 18 20 22 29+19
2015028	06 19 21 22 23 27 29+05
2016028	
2017028	
2018028	
2007029	01 06 19 20 22 23 29+13
2008029	03 06 09 11 23 28 30+08
2009029	01 05 09 10 14 17 28+19
2010029	06 12 13 18 23 27 30+15
2011029	10 15 17 20 25 26 28+04
2012029	03 04 05 14 16 27 30+08
2013029	01 02 08 12 15 21 25+20
2014029	05 06 14 24 25 27 29+04

续表

期 号	开奖号码 基本号码+特别号码
2015029	04 09 12 14 19 20 22+03
2016029	
2017029	
2018029	
2007030	02 03 11 13 15 24 28+21
2008030	04 08 11 12 22 25 26+05
2009030	06 19 20 21 25 29 30+07
2010030	02 06 12 21 22 25 29+04
2011030	01 02 08 12 14 20 28+21
2012030	08 12 13 19 23 26 27+21
2013030	01 04 06 12 14 20 28+13
2014030	03 07 10 19 23 26 30+22
2015030	03 05 14 15 23 24 27+11
2016030	
2017030	
2018030	
2007031	05 06 14 16 24 25 30+20
2008031	02 04 07 08 17 22 26+23
2009031	06 10 24 25 27 28 30+08
2010031	04 06 09 10 15 19 20+25
2011031	03 04 10 12 13 21 24+26
2012031	13 14 17 20 21 26 27+23
2013031	05 06 07 14 16 22 23+21
2014031	04 07 10 15 17 22 25+29
2015031	01 09 15 24 25 26 30+06
2016031	
2017031	
2018031	
2007032	13 15 19 20 21 26 27+02
2008032	02 04 08 10 12 28 29+16
2009032	02 03 04 16 20 27 29+06
2010032	08 12 19 22 24 25 28+30
2011032	16 17 19 21 24 25 29+14
2012032	01 03 10 14 23 26 27+05
2013032	05 07 15 16 22 27 28+25
2014032	01 12 13 15 25 28 30+04

续表

期　号	开奖号码
	基本号码 + 特别号码
2015032	02 03 04 06 10 19 27+08
2016032	
2017032	
2018032	
2007033	04 11 15 17 18 20 27+28
2008033	04 05 09 18 20 24 30+12
2009033	05 08 13 14 22 26 28+24
2010033	02 08 13 16 17 24 25+03
2011033	04 08 18 20 28 29 30+27
2012033	01 03 05 06 10 14 30+26
2013033	05 11 18 19 22 26 28+04
2014033	04 05 06 10 13 18 28+09
2015033	03 12 13 15 18 21 26+09
2016033	
2017033	
2018033	
2007034	01 13 15 17 25 28 30+22
2008034	03 06 09 12 15 22 27+05
2009034	06 12 15 20 24 26 29+27
2010034	01 04 06 07 09 12 29+19
2011034	02 09 13 14 18 26 29+03
2012034	03 05 10 12 15 16 23+29
2013034	01 04 09 15 16 26 30+11
2014034	04 15 17 18 22 28 29+08
2015034	08 14 16 17 27 28 30+29
2016034	
2017034	
2018034	
2007035	03 07 14 15 17 26 27+10
2008035	08 11 14 15 26 28 30+05
2009035	02 07 12 21 22 24 28+01
2010035	01 02 07 11 22 27 29+23
2011035	01 11 21 25 28 29 30+05
2012035	06 07 09 11 14 20 27+22
2013035	05 09 12 14 19 26 30+21
2014035	02 09 13 16 25 29 30+18

续表

期　号	开奖号码
	基本号码 + 特别号码
2015035	04 05 07 08 10 22 26+29
2016035	
2017035	
2018035	
2007036	03 08 10 14 15 17 22+29
2008036	03 06 07 10 17 22 26+13
2009036	05 12 13 23 24 25 27+06
2010036	07 12 14 18 20 22 27+17
2011036	02 04 05 08 14 19 25+12
2012036	09 13 15 18 20 23 29+01
2013036	01 05 12 17 20 23 27+09
2014036	03 12 14 19 23 24 29+17
2015036	05 06 11 13 22 28 30+07
2016036	
2017036	
2018036	
2007037	06 09 11 12 13 16 27+29
2008037	03 14 16 21 22 23 27+25
2009037	02 06 10 14 17 20 30+03
2010037	01 03 10 15 26 27 29+06
2011037	02 10 14 16 18 20 25+01
2012037	01 07 10 19 20 26 30+18
2013037	01 07 17 21 23 24 30+13
2014037	03 04 08 11 21 26 28+22
2015037	09 13 16 19 25 26 29+20
2016037	
2017037	
2018037	
2007038	01 09 15 21 24 25 29+13
2008038	02 05 06 22 23 24 29+18
2009038	08 10 12 21 22 29 30+28
2010038	11 12 16 20 21 28 30+24
2011038	01 09 15 16 17 26 29+30
2012038	01 03 10 13 21 24 27+11
2013038	06 07 11 15 16 26 29+02
2014038	02 04 05 10 13 21 30+14

续表

期　号	开奖号码
	基本号码 + 特别号码
2015038	03 10 14 22 23 24 27+17
2016038	
2017038	
2018038	
2007039	11 13 15 18 19 22 29+27
2008039	04 05 06 11 18 21 28+20
2009039	02 19 20 21 22 27 29+30
2010039	01 04 06 10 12 19 22+28
2011039	01 02 06 12 13 21 30+19
2012039	02 03 06 18 19 27 28+22
2013039	02 07 08 09 21 25 30+23
2014039	04 06 08 16 24 25 28+30
2015039	04 05 17 20 22 23 27+14
2016039	
2017039	
2018039	
2007040	01 06 07 08 12 19 24+28
2008040	05 06 13 20 24 25 30+08
2009040	04 06 07 13 16 18 21+05
2010040	02 07 13 14 16 18 20+29
2011040	06 10 11 12 15 27 30+08
2012040	04 05 06 09 14 24 28+19
2013040	02 03 11 12 15 22 24+10
2014040	01 09 16 19 25 28 30+11
2015040	01 02 08 13 16 17 26+27
2016040	
2017040	
2018040	
2007041	04 09 10 11 20 21 26+17
2008041	01 06 07 10 17 18 23+22
2009041	03 04 06 15 23 25 27+09
2010041	06 08 10 11 14 27 29+18
2011041	02 05 08 13 18 19 21+10
2012041	01 03 13 15 16 17 24+08
2013041	01 04 06 10 14 27 30+25
2014041	08 14 15 16 18 19 26+28

续表

期　号	开奖号码
	基本号码＋特别号码
2015041	02 04 09 12 13 14 30+23
2016041	
2017041	
2018041	
2007042	06 08 12 15 23 25 27+18
2008042	06 09 15 20 21 23 29+03
2009042	08 10 16 18 19 24 29+01
2010042	04 11 18 22 23 27 28+03
2011042	07 09 10 12 18 21 25+14
2012042	03 07 16 17 20 21 29+11
2013042	06 07 09 10 11 12 19+08
2014042	03 06 11 19 20 23 27+13
2015042	02 07 14 16 17 20 22+18
2016042	
2017042	
2018042	
2007043	03 05 06 09 11 23 27+13
2008043	01 04 14 17 24 27 28+09
2009043	02 19 20 21 22 25 26+18
2010043	02 04 07 14 15 23 30+10
2011043	01 09 12 13 20 27 29+24
2012043	06 10 15 20 23 28 30+09
2013043	03 04 12 14 15 19 26+24
2014043	02 03 08 11 19 22 23+04
2015043	01 02 06 13 14 15 21+12
2016043	
2017043	
2018043	
2007044	01 04 05 22 23 27 29+17
2008044	02 05 07 15 17 18 26+09
2009044	03 08 14 16 17 20 25+12
2010044	01 02 04 12 17 21 25+28
2011044	11 14 16 23 25 27 29+12
2012044	05 07 10 11 15 25 30+27
2013044	06 09 14 20 21 22 25+02
2014044	01 02 08 09 14 17 30+27

续表

期　号	开奖号码
	基本号码 + 特别号码
2015044	02 06 10 18 19 26 29+16
2016044	
2017044	
2018044	
2007045	09 15 18 19 21 25 28+01
2008045	01 02 10 12 18 28 30+15
2009045	11 16 17 19 20 21 28+12
2010045	07 11 14 16 22 26 27+04
2011045	05 06 09 12 17 20 21+01
2012045	06 07 08 12 13 19 30+26
2013045	03 08 13 18 21 25 27+30
2014045	03 09 12 13 14 21 22+16
2015045	12 14 18 21 22 28 29+30
2016045	
2017045	
2018045	
2007046	04 07 15 17 19 25 29+14
2008046	03 05 06 15 18 20 23+21
2009046	11 14 18 19 20 25 28+15
2010046	03 09 12 13 15 26 27+29
2011046	09 13 14 16 18 26 27+20
2012046	03 09 16 24 25 27 29+21
2013046	01 07 12 19 21 27 29+25
2014046	03 08 10 11 14 20 22+28
2015046	01 04 13 17 19 21 23+14
2016046	
2017046	
2018046	
2007047	01 05 06 10 18 21 23+25
2008047	07 08 09 14 16 17 25+02
2009047	04 05 08 15 16 26 30+21
2010047	09 10 13 14 16 20 29+30
2011047	05 09 11 16 18 19 29+26
2012047	01 02 12 15 21 23 26+25
2013047	04 13 17 18 19 23 24+07
2014047	04 11 12 13 18 22 30+02

续表

期 号	开奖号码
	基本号码 + 特别号码
2015047	03 07 10 11 15 24 30+06
2016047	
2017047	
2018047	
2007048	11 15 17 18 20 22 28+08
2008048	02 04 08 13 14 16 22+24
2009048	02 04 13 21 25 29 30+16
2010048	01 04 11 22 23 27 29+18
2011048	02 10 12 15 21 23 28+03
2012048	01 02 04 11 12 28 29+06
2013048	01 11 17 18 20 21 27+12
2014048	01 03 08 16 23 27 28+18
2015048	01 02 10 12 20 22 29+14
2016048	
2017048	
2018048	
2007049	05 06 08 11 16 18 21+29
2008049	01 04 05 06 14 28 29+21
2009049	03 05 13 16 17 22 27+02
2010049	03 10 14 17 23 29 30+21
2011049	05 09 11 12 15 23 29+17
2012049	01 11 14 18 23 25 29+09
2013049	01 03 10 12 13 15 20+06
2014049	04 05 07 11 12 16 21+29
2015049	05 10 13 15 16 25 26+28
2016049	
2017049	
2018049	
2007050	04 11 19 21 26 29 30+18
2008050	06 11 14 20 21 22 24+23
2009050	04 05 07 10 19 27 28+20
2010050	01 07 10 15 21 28 29+08
2011050	14 15 18 23 26 27 29+09
2012050	02 08 11 20 23 24 26+04
2013050	02 04 06 12 18 23 28+14
2014050	04 07 12 17 22 24 25+21

续表

期　号	开奖号码
	基本号码 + 特别号码
2015050	04 07 09 17 26 29 30+27
2016050	
2017050	
2018050	
2007051	01 07 10 15 18 26 29+14
2008051	03 07 12 14 15 16 19+02
2009051	03 04 08 10 22 26 29+18
2010051	10 12 13 19 20 21 29+05
2011051	06 09 13 17 21 22 26+05
2012051	02 07 11 17 23 24 29+28
2013051	01 03 06 07 24 25 30+21
2014051	04 06 08 10 13 15 21+29
2015051	02 10 11 13 22 24 27+19
2016051	
2017051	
2018051	
2007052	02 04 07 08 11 16 18+26
2008052	08 16 21 25 26 28 30+05
2009052	03 06 16 17 26 29 30+19
2010052	05 08 09 11 12 15 28+02
2011052	01 04 17 19 24 25 29+06
2012052	07 08 11 16 26 29 30+01
2013052	02 03 10 12 20 23 27+22
2014052	05 13 17 20 21 24 26+22
2015052	02 04 05 13 19 21 27+09
2016052	
2017052	
2018052	
2007053	02 05 07 12 13 25 28+10
2008053	06 09 11 14 18 25 26+08
2009053	03 08 10 15 16 23 28+04
2010053	02 08 09 18 25 26 27+14
2011053	02 10 11 13 26 27 30+18
2012053	02 11 12 14 25 28 29+20
2013053	01 04 07 08 10 24 30+05
2014053	08 17 20 23 24 28 29+12

续表

期　号	开奖号码
	基本号码 + 特别号码
2015053	04 07 09 14 18 21 28+13
2016053	
2017053	
2018053	
2007054	06 08 09 12 13 14 22+24
2008054	01 02 15 17 21 26 28+09
2009054	07 10 14 18 19 21 30+05
2010054	01 03 05 08 20 22 23+30
2011054	02 09 10 11 12 21 27+17
2012054	02 09 16 18 24 27 28+22
2013054	07 13 14 17 18 26 27+29
2014054	03 07 18 19 23 25 26+04
2015054	01 07 09 10 12 23 25+18
2016054	
2017054	
2018054	
2007055	01 02 09 10 15 20 28+30
2008055	07 08 14 21 26 27 30+15
2009055	02 08 15 16 17 25 30+23
2010055	01 02 07 13 15 24 29+05
2011055	03 06 07 10 14 18 21+16
2012055	01 03 05 10 12 15 20+14
2013055	03 08 14 15 16 22 25+24
2014055	02 05 14 16 21 23 30+03
2015055	02 03 05 17 21 25 26+09
2016055	
2017055	
2018055	
2007056	01 05 08 10 21 26 27+24
2008056	04 15 19 23 27 28 30+01
2009056	05 06 07 13 18 24 29+01
2010056	06 09 12 15 22 23 30+11
2011056	05 14 17 18 21 24 27+20
2012056	03 15 16 18 24 25 27+17
2013056	01 03 07 08 09 15 16+18
2014056	01 07 17 19 22 24 30+02

续表

期 号	开奖号码
	基本号码 + 特别号码
2015056	05 08 19 24 26 28 30+25
2016056	
2017056	
2018056	
2007057	07 08 09 10 13 21 28+23
2008057	08 12 13 17 21 22 28+25
2009057	03 09 13 17 24 26 28+22
2010057	06 09 13 18 21 25 26+27
2011057	02 03 05 16 17 19 23+20
2012057	01 05 06 16 18 23 25+12
2013057	01 03 06 08 11 21 25+28
2014057	05 08 11 13 21 24 27+30
2015057	04 08 10 15 20 22 27+28
2016057	
2017057	
2018057	
2007058	01 04 06 08 14 22 25+16
2008058	11 12 15 18 20 21 27+03
2009058	06 10 11 18 20 22 24+12
2010058	05 07 09 18 20 26 29+01
2011058	01 02 04 14 19 22 25+08
2012058	01 03 08 10 17 22 24+16
2013058	07 09 10 18 20 28 30+21
2014058	05 09 10 15 23 29 30+20
2015058	07 08 12 21 26 29 30+09
2016058	
2017058	
2018058	
2007059	06 07 08 14 16 18 23+02
2008059	01 14 16 26 28 29 30+20
2009059	07 16 19 21 26 29 30+18
2010059	06 09 11 14 17 25 29+08
2011059	05 11 17 20 21 22 30+25
2012059	06 07 09 19 21 26 30+05
2013059	03 07 13 18 23 27 30+06
2014059	03 14 15 16 25 26 27+05

续表

期 号	开奖号码
	基本号码 + 特别号码
2015059	02 04 06 20 26 29 30+03
2016059	
2017059	
2018059	
2007060	09 21 22 23 25 29 30+15
2008060	08 09 11 12 18 22 23+06
2009060	02 08 12 18 20 23 27+07
2010060	01 09 14 17 18 27 28+15
2011060	01 03 04 07 08 19 25+09
2012060	02 03 05 07 22 24 25+11
2013060	01 06 09 14 16 20 28+25
2014060	01 04 11 18 23 25 30+02
2015060	03 04 14 16 24 27 29+25
2016060	
2017060	
2018060	
2007061	12 14 17 19 22 25 28+13
2008061	02 11 15 16 17 22 23+27
2009061	01 04 08 16 17 27 29+19
2010061	03 09 12 15 20 23 28+27
2011061	05 08 10 15 18 25 30+12
2012061	02 03 08 16 19 21 22+27
2013061	05 11 20 21 22 23 24+10
2014061	06 08 11 19 20 22 26+21
2015061	04 06 07 16 18 23 25+15
2016061	
2017061	
2018061	
2007062	06 07 08 15 17 22 25+16
2008062	02 14 17 19 25 27 28+26
2009062	02 05 09 10 17 24 25+29
2010062	01 05 10 22 25 26 28+21
2011062	12 14 15 18 20 21 27+16
2012062	01 04 06 12 16 22 23+05
2013062	01 08 15 19 25 27 30+06
2014062	01 04 14 15 20 28 30+27

续表

期　号	开奖号码
	基本号码 + 特别号码
2015062	03 08 09 11 15 19 30+12
2016062	
2017062	
2018062	
2007063	04 16 17 20 23 25 29+11
2008063	01 09 18 22 24 25 26+10
2009063	04 08 12 16 18 20 26+13
2010063	02 05 06 11 21 26 27+04
2011063	01 05 16 17 18 26 28+15
2012063	04 12 15 18 20 21 25+02
2013063	04 11 13 16 20 21 23+14
2014063	02 09 11 12 14 27 28+13
2015063	02 05 11 12 15 17 24+03
2016063	
2017063	
2018063	
2007064	02 03 07 09 11 12 24+05
2008064	01 16 17 23 25 26 30+15
2009064	01 08 13 14 18 20 29+06
2010064	04 06 09 10 12 23 25+24
2011064	09 19 20 21 24 26 30+15
2012064	02 14 16 18 20 25 29+26
2013064	01 07 08 12 20 21 25+09
2014064	06 07 08 10 14 22 26+21
2015064	02 08 15 18 25 27 30+21
2016064	
2017064	
2018064	
2007065	04 09 17 18 20 21 24+02
2008065	07 13 16 20 22 23 24+29
2009065	08 09 12 20 25 28 29+19
2010065	08 12 14 25 26 27 30+02
2011065	03 11 21 23 24 25 26+20
2012065	01 10 11 14 16 23 29+21
2013065	02 08 21 22 24 27 29+06
2014065	08 10 11 25 27 29 30+13

续表

期 号	开奖号码 基本号码+特别号码
2015065	02 04 05 06 15 19 24+09
2016065	
2017065	
2018065	
2007066	02 05 15 24 27 28 29+20
2008066	05 06 12 23 24 25 27+14
2009066	01 02 03 07 19 20 27+14
2010066	02 05 11 20 25 26 29+12
2011066	02 06 07 12 15 20 25+08
2012066	06 11 13 15 21 23 29+05
2013066	02 03 05 12 13 26 30+23
2014066	03 10 16 20 21 27 28+12
2015066	01 06 07 09 15 16 28+12
2016066	
2017066	
2018066	
2007067	03 06 08 10 11 13 17+16
2008067	06 09 15 16 18 21 24+07
2009067	03 10 13 20 25 26 29+06
2010067	01 02 10 11 13 22 26+17
2011067	04 13 15 16 22 24 28+05
2012067	04 07 13 23 26 27 28+30
2013067	04 09 11 16 18 24 28+26
2014067	06 18 22 23 25 26 27+04
2015067	03 05 12 20 21 26 28+29
2016067	
2017067	
2018067	
2007068	03 05 12 19 22 23 28+26
2008068	09 10 13 16 17 18 22+30
2009068	01 09 10 13 20 24 30+06
2010068	03 04 10 13 19 26 29+12
2011068	03 09 13 14 17 23 24+22
2012068	03 04 10 13 17 19 28+20
2013068	03 08 09 13 14 17 22+12
2014068	02 09 10 13 15 21 30+05

续表

期 号	开奖号码 基本号码 + 特别号码
2015068	01 04 05 10 15 19 30+28
2016068	
2017068	
2018068	
2007069	09 10 11 16 24 25 27+30
2008069	01 02 07 13 22 23 28+04
2009069	01 02 07 12 18 19 25+04
2010069	06 10 12 13 16 24 27+01
2011069	05 07 09 16 17 21 25+02
2012069	05 13 17 19 25 26 29+08
2013069	04 14 15 20 22 26 28+27
2014069	01 09 11 17 19 22 26+21
2015069	03 07 13 15 17 28 30+08
2016069	
2017069	
2018069	
2007070	01 07 09 10 11 17 24+02
2008070	15 18 25 26 28 29 30+17
2009070	13 17 21 22 24 29 30+14
2010070	07 12 17 22 25 26 30+15
2011070	05 11 12 14 19 20 28+01
2012070	01 07 16 18 19 20 25+08
2013070	06 09 10 15 20 23 29+26
2014070	04 11 14 22 23 25 27+12
2015070	01 02 05 10 15 25 28+27
2016070	
2017070	
2018070	
2007071	07 09 13 20 21 28 29+06
2008071	12 14 18 19 23 25 26+22
2009071	03 06 09 20 21 24 25+19
2010071	09 12 14 21 26 28 29+30
2011071	04 13 14 23 24 25 27+19
2012071	04 08 10 14 16 22 28+02
2013071	02 05 07 12 19 28 30+09
2014071	06 08 11 16 17 18 22+27

续表

期　号	开奖号码
	基本号码＋特别号码
2015071	01 02 13 20 21 23 29+12
2016071	
2017071	
2018071	
2007072	01 03 05 24 26 27 28+30
2008072	07 08 10 16 17 19 21+04
2009072	04 06 10 15 23 25 30+14
2010072	02 14 15 16 21 25 26+24
2011072	02 03 06 14 15 21 26+13
2012072	03 06 11 24 25 26 29+05
2013072	07 08 11 16 17 24 29+27
2014072	01 03 04 08 09 17 21+19
2015072	04 10 12 13 23 26 27+30
2016072	
2017072	
2018072	
2007073	04 06 07 11 18 24 26+03
2008073	04 06 07 08 18 20 29+14
2009073	02 10 11 14 19 24 28+17
2010073	06 08 09 13 22 26 27+19
2011073	04 05 14 21 23 24 27+08
2012073	05 08 16 18 22 25 28+04
2013073	07 08 11 12 17 18 28+23
2014073	03 05 06 08 09 21 23+14
2015073	06 07 13 20 24 25 30+03
2016073	
2017073	
2018073	
2007074	01 02 09 16 17 24 27+08
2008074	02 05 19 22 24 25 29+06
2009074	09 11 13 16 18 20 29+08
2010074	03 04 10 13 17 27 30+11
2011074	01 03 16 17 18 20 25+04
2012074	01 02 10 19 20 21 30+17
2013074	03 06 07 21 25 28 29+05
2014074	02 03 06 08 19 20 27+23

续表

期　号	开奖号码
	基本号码 + 特别号码
2015074	01 08 09 16 18 21 28+26
2016074	
2017074	
2018074	
2007075	01 06 19 21 24 25 27+04
2008075	02 08 09 14 15 22 27+24
2009075	01 07 08 09 11 12 30+02
2010075	01 06 12 16 24 27 30+11
2011075	06 09 12 19 21 25 27+20
2012075	02 03 06 10 16 17 20+22
2013075	01 05 09 14 21 23 27+25
2014075	02 11 14 17 24 25 28+21
2015075	04 12 13 18 19 20 30+22
2016075	
2017075	
2018075	
2007076	04 08 14 19 20 25 29+15
2008076	02 15 18 19 21 22 27+17
2009076	03 08 11 18 21 25 30+19
2010076	06 11 12 14 16 18 26+04
2011076	01 05 10 18 24 25 29+02
2012076	02 04 07 08 13 24 29+09
2013076	03 04 12 19 22 23 28+07
2014076	07 14 16 22 24 26 28+09
2015076	03 10 14 19 20 23 28+25
2016076	
2017076	
2018076	
2007077	01 02 09 13 17 18 28+30
2008077	05 10 14 20 24 25 30+03
2009077	03 05 09 18 20 21 23+29
2010077	01 03 05 06 17 21 30+23
2011077	06 13 14 15 23 24 27+25
2012077	01 04 19 21 22 28 29+30
2013077	01 04 05 15 24 25 27+08
2014077	14 16 17 19 22 27 30+25

第八章 七乐彩同期历史开奖实录

续表

期 号	开奖号码 基本号码＋特别号码
2015077	03 06 07 09 17 20 28+29
2016077	
2017077	
2018077	
2007078	01 03 07 14 18 21 24+17
2008078	15 19 20 23 24 26 29+16
2009078	10 12 13 18 23 26 29+25
2010078	02 05 10 21 22 27 30+11
2011078	05 07 15 17 21 23 26+20
2012078	01 07 10 23 27 29 30+03
2013078	13 18 22 24 25 26 29+30
2014078	02 13 17 20 23 26 27+28
2015078	01 09 14 16 17 19 28+13
2016078	
2017078	
2018078	
2007079	04 08 10 21 23 25 26+07
2008079	04 08 12 14 23 26 27+05
2009079	05 12 15 17 19 28 29+01
2010079	03 05 06 15 18 20 21+16
2011079	05 14 16 19 20 26 28+27
2012079	06 14 16 20 21 23 25+09
2013079	01 02 15 17 18 21 22+16
2014079	08 09 14 16 18 24 25+10
2015079	04 09 16 18 20 21 26+01
2016079	
2017079	
2018079	
2007080	01 04 08 09 12 15 16+18
2008080	01 02 04 09 15 18 29+19
2009080	10 11 13 14 19 23 25+26
2010080	06 14 19 24 26 27 29+23
2011080	02 03 05 18 21 22 29+11
2012080	06 13 19 22 23 27 29+08
2013080	09 13 15 20 22 29 30+08
2014080	01 04 17 24 26 27 28+07

续表

期 号	开奖号码
	基本号码 + 特别号码
2015080	01 11 14 16 26 27 30+09
2016080	
2017080	
2018080	
2007081	06 07 08 11 13 15 23+09
2008081	07 10 11 14 20 23 24+25
2009081	01 04 08 12 19 24 25+13
2010081	02 06 15 17 18 26 30+13
2011081	04 05 06 07 15 16 25+12
2012081	06 09 12 13 25 27 29+26
2013081	04 05 16 22 23 27 28+12
2014081	01 11 14 19 21 24 29+16
2015081	06 11 13 18 25 27 28+21
2016081	
2017081	
2018081	
2007082	02 11 13 14 16 21 27+09
2008082	05 10 13 16 17 25 29+28
2009082	01 07 08 10 21 22 26+06
2010082	03 07 11 14 17 24 26+25
2011082	09 16 17 19 20 21 29+13
2012082	06 07 16 18 25 27 28+19
2013082	10 12 14 18 19 22 28+04
2014082	03 07 09 10 12 18 27+05
2015082	03 05 07 14 17 23 30+13
2016082	
2017082	
2018082	
2007083	04 05 07 11 14 21 25+18
2008083	01 16 17 21 23 28 29+30
2009083	05 08 12 16 23 24 25+17
2010083	01 08 11 12 14 29 30+07
2011083	03 06 11 16 17 22 23+25
2012083	05 06 09 12 18 19 21+04
2013083	02 07 08 20 21 26 28+25
2014083	13 14 16 20 21 25 28+08

第八章 七乐彩同期历史开奖实录

续表

期　号	开奖号码
	基本号码 + 特别号码
2015083	07 10 12 19 24 25 28+26
2016083	
2017083	
2018083	
2007084	03 04 05 08 11 12 26+07
2008084	12 15 18 22 23 29 30+27
2009084	01 08 13 14 18 26 28+04
2010084	01 06 10 13 14 15 22+05
2011084	02 05 09 14 16 21 22+08
2012084	01 16 21 23 27 28 30+29
2013084	02 03 05 08 15 18 26+30
2014084	10 13 17 18 24 25 27+06
2015084	02 08 15 17 22 27 30+28
2016084	
2017084	
2018084	
2007085	02 07 20 22 23 25 30+15
2008085	09 11 14 18 19 24 25+30
2009085	03 05 09 11 14 18 23+21
2010085	02 08 17 19 20 22 29+28
2011085	01 07 12 22 24 27 29+15
2012085	01 02 04 09 14 24 30+21
2013085	02 04 12 13 17 21 26+28
2014085	02 05 07 10 19 26 28+22
2015085	01 03 04 11 13 16 21+28
2016085	
2017085	
2018085	
2007086	05 06 07 11 23 25 27+20
2008086	04 07 10 14 16 23 25+21
2009086	04 08 10 12 24 25 30+16
2010086	02 03 04 07 15 18 26+08
2011086	02 05 12 18 21 24 27+13
2012086	14 15 18 21 23 25 27+29
2013086	01 06 07 09 10 25 26+22
2014086	02 03 04 10 21 29 30+19

续表

期　号	开奖号码
	基本号码 + 特别号码
2015086	04 05 06 08 16 19 25+28
2016086	
2017086	
2018086	
2007087	01 03 10 21 25 27 29+19
2008087	10 11 15 17 25 28 30+24
2009087	04 05 11 12 18 24 26+15
2010087	01 04 05 10 20 22 27+13
2011087	09 16 18 19 22 24 30+27
2012087	01 08 09 22 27 28 30+19
2013087	02 03 13 17 20 28 30+29
2014087	09 13 16 18 24 28 30+25
2015087	03 04 09 16 24 26 30+21
2016087	
2017087	
2018087	
2007088	03 04 05 10 13 26 28+27
2008088	02 04 10 12 14 17 21+22
2009088	01 03 07 12 16 20 23+08
2010088	04 05 09 11 12 22 28+21
2011088	03 04 10 12 15 24 29+17
2012088	05 07 12 16 17 26 27+13
2013088	04 05 06 07 18 20 24+17
2014088	06 11 14 18 19 20 30+16
2015088	01 08 14 15 18 19 22+26
2016088	
2017088	
2018088	
2007089	01 13 20 23 25 26 29+15
2008089	02 03 04 05 19 21 27+11
2009089	01 02 06 08 13 17 19+22
2010089	03 16 17 21 24 26 30+27
2011089	12 13 18 24 25 27 28+06
2012089	01 02 04 17 25 29 30+11
2013089	02 04 08 11 13 23 26+30
2014089	06 09 12 23 24 25 26+27

续表

期 号	开奖号码
	基本号码+特别号码
2015089	03 22 23 24 27 28 30+19
2016089	
2017089	
2018089	
2007090	05 10 12 19 21 24 29+01
2008090	08 10 11 12 16 19 28+15
2009090	01 06 12 13 24 27 28+23
2010090	04 10 13 17 20 23 27+01
2011090	02 04 06 09 10 20 28+17
2012090	01 04 07 09 14 24 30+19
2013090	01 04 10 12 17 23 25+19
2014090	06 10 14 16 22 25 30+29
2015090	06 13 17 18 23 24 27+12
2016090	
2017090	
2018090	
2007091	08 09 13 15 19 25 28+11
2008091	01 06 08 10 11 20 27+24
2009091	05 12 14 15 24 25 26+21
2010091	02 04 07 12 26 27 29+22
2011091	06 13 15 20 25 27 30+23
2012091	06 09 10 12 17 22 25+20
2013091	03 04 10 12 15 22 27+29
2014091	05 06 07 20 21 24 28+18
2015091	08 10 15 16 17 22 24+07
2016091	
2017091	
2018091	
2007092	09 10 11 12 14 15 18+16
2008092	03 06 10 12 17 22 29+16
2009092	01 04 05 12 17 19 24+23
2010092	11 12 14 19 25 27 28+24
2011092	02 08 09 14 20 25 28+01
2012092	03 06 11 14 20 21 28+19
2013092	03 06 07 11 17 23 24+15
2014092	01 02 03 09 21 24 28+07

续表

期 号	开奖号码
	基本号码 + 特别号码
2015092	03 05 06 15 16 17 30+08
2016092	
2017092	
2018092	
2007093	09 10 15 18 19 22 23+30
2008093	14 16 17 18 20 22 23+09
2009093	04 05 15 18 20 23 26+27
2010093	08 10 11 16 21 27 29+26
2011093	07 08 10 13 14 22 23+02
2012093	15 16 18 23 25 27 28+08
2013093	05 07 11 14 22 25 30+15
2014093	05 08 09 13 15 18 24+02
2015093	03 07 09 14 15 19 24+25
2016093	
2017093	
2018093	
2007094	02 04 09 10 12 13 15+07
2008094	01 03 09 13 18 26 29+28
2009094	07 14 18 22 23 25 30+04
2010094	02 07 10 13 27 28 30+25
2011094	05 07 08 16 17 28 30+12
2012094	04 09 16 18 19 21 22+28
2013094	10 12 17 19 20 21 23+30
2014094	05 06 08 14 17 21 25+23
2015094	01 04 06 16 19 23 26+22
2016094	
2017094	
2018094	
2007095	02 14 15 22 24 26 27+18
2008095	01 05 09 11 20 28 29+22
2009095	07 10 12 13 16 18 27+22
2010095	01 03 05 14 20 23 24+10
2011095	07 10 13 16 18 19 27+29
2012095	04 06 12 13 20 21 23+01
2013095	01 07 08 14 26 27 30+10
2014095	02 04 05 06 08 16 27+22

续表

期 号	开奖号码
	基本号码 + 特别号码
2015095	01 02 10 13 21 26 27+09
2016095	
2017095	
2018095	
2007096	04 07 08 09 12 14 30+25
2008096	09 10 18 25 26 27 28+16
2009096	01 02 07 08 12 19 30+10
2010096	05 08 11 13 17 22 30+25
2011096	01 09 13 16 22 24 27+14
2012096	02 07 10 20 23 24 30+12
2013096	09 15 16 19 20 24 26+10
2014096	08 09 16 19 20 21 23+30
2015096	01 07 11 12 17 19 25+13
2016096	
2017096	
2018096	
2007097	03 04 05 07 20 23 25+16
2008097	02 13 14 16 21 22 28+08
2009097	09 11 13 16 18 20 28+30
2010097	03 12 13 15 19 26 30+22
2011097	10 11 15 16 21 27 29+20
2012097	07 08 09 15 20 24 25+29
2013097	10 11 14 16 18 21 23+22
2014097	02 06 08 14 19 20 26+04
2015097	02 04 14 16 18 27 28+09
2016097	
2017097	
2018097	
2007098	01 13 18 19 24 26 28+30
2008098	02 06 11 13 22 26 28+04
2009098	04 05 10 12 17 19 24+29
2010098	01 08 13 14 21 25 29+22
2011098	06 12 18 19 23 27 30+07
2012098	07 08 14 21 24 25 27+23
2013098	07 08 09 11 14 23 28+05
2014098	01 04 11 15 16 22 28+25

续表

期　号	开奖号码
	基本号码 + 特别号码
2015098	03 05 11 20 22 23 24+28
2016098	
2017098	
2018098	
2007099	05 06 16 17 18 21 26+23
2008099	03 10 14 19 21 24 25+13
2009099	03 04 05 06 07 27 28+26
2010099	02 03 07 09 13 23 26+10
2011099	11 15 16 23 26 27 29+28
2012099	03 09 17 21 23 24 28+15
2013099	01 02 12 20 22 26 30+10
2014099	04 10 11 17 23 25 30+19
2015099	01 03 08 09 18 23 24+17
2016099	
2017099	
2018099	
2007100	09 10 14 15 19 24 27+08
2008100	12 14 15 18 19 24 26+29
2009100	10 14 16 19 23 25 26+01
2010100	02 05 12 16 22 26 29+01
2011100	04 07 13 14 16 18 25+06
2012100	01 04 11 15 18 22 26+06
2013100	02 09 11 12 22 26 29+07
2014100	02 09 11 19 20 24 25+26
2015100	03 06 07 12 19 22 29+18
2016100	
2017100	
2018100	
2007101	03 04 06 07 10 12 21+09
2008101	01 03 09 12 21 25 29+10
2009101	01 07 09 15 21 25 27+23
2010101	01 07 11 13 20 24 28+18
2011101	07 11 17 18 26 27 30+13
2012101	04 06 09 14 20 26 30+02
2013101	06 10 17 18 19 24 29+21
2014101	03 05 09 14 15 25 29+11

续表

期　号	开奖号码
	基本号码 + 特别号码
2015101	07 12 16 18 22 23 29+06
2016101	
2017101	
2018101	
2007102	04 06 10 14 15 22 26+20
2008102	01 10 11 18 23 26 30+27
2009102	04 09 12 14 15 17 21+08
2010102	01 02 07 08 22 24 27+10
2011102	01 04 07 08 16 17 30+29
2012102	02 04 08 13 15 20 23+18
2013102	02 08 09 13 14 19 25+28
2014102	01 09 14 15 16 17 18+21
2015102	02 05 08 10 18 26 27+04
2016102	
2017102	
2018102	
2007103	06 07 09 16 18 21 23+08
2008103	07 09 10 12 14 28 29+15
2009103	01 06 19 20 23 24 29+15
2010103	05 11 12 20 22 24 29+02
2011103	01 02 11 16 23 27 29+04
2012103	08 10 16 18 22 29 30+01
2013103	07 09 12 13 16 20 21+05
2014103	06 17 19 21 22 26 28+10
2015103	03 06 20 22 26 27 29+02
2016103	
2017103	
2018103	
2007104	05 11 14 17 18 23 30+09
2008104	04 17 22 23 24 28 29+03
2009104	02 07 15 21 25 27 29+14
2010104	05 06 13 15 20 23 24+04
2011104	01 03 18 20 25 29 30+14
2012104	02 03 04 06 08 09 24+13
2013104	01 03 08 09 12 15 17+07
2014104	05 06 09 11 12 13 19+20

续表

期　号	开奖号码
	基本号码 + 特别号码
2015104	04 05 12 16 20 23 24+01
2016104	
2017104	
2018104	
2007105	02 09 15 21 26 27 30+13
2008105	02 11 13 19 23 24 26+03
2009105	08 12 19 21 24 28 29+03
2010105	03 10 11 12 13 20 30+09
2011105	04 05 10 15 23 26 30+24
2012105	05 11 17 18 20 24 27+08
2013105	02 07 08 09 12 21 24+04
2014105	01 05 11 12 20 21 22+25
2015105	08 14 15 20 21 23 27+28
2016105	
2017105	
2018105	
2007106	02 07 12 18 22 24 26+05
2008106	01 02 12 17 19 24 28+14
2009106	02 09 11 21 23 27 28+15
2010106	09 11 17 23 24 25 27+02
2011106	06 10 16 23 25 27 30+03
2012106	01 05 19 22 24 29 30+28
2013106	09 17 18 19 26 29 30+25
2014106	12 15 16 20 22 29 30+27
2015106	01 02 14 17 20 23 29+28
2016106	
2017106	
2018106	
2007107	08 09 10 14 15 17 22+29
2008107	03 11 15 16 19 20 26+09
2009107	02 04 05 19 22 23 28+13
2010107	04 06 15 21 25 28 29+01
2011107	03 04 09 10 13 25 27+30
2012107	03 07 10 16 17 27 28+04
2013107	06 12 13 18 23 25 30+22
2014107	03 05 07 09 15 18 25+29

续表

期 号	开奖号码
	基本号码 + 特别号码
2015107	03 06 07 10 13 24 25+01
2016107	
2017107	
2018107	
2007108	06 08 17 20 23 24 25+18
2008108	06 10 13 18 24 29 30+16
2009108	06 07 11 13 15 20 26+17
2010108	04 08 12 17 20 21 26+18
2011108	01 07 11 13 17 23 24+25
2012108	05 09 14 18 22 25 29+15
2013108	01 08 12 15 24 25 26+04
2014108	01 08 13 20 25 28 29+03
2015108	06 07 08 12 22 24 29+25
2016108	
2017108	
2018108	
2007109	02 03 07 12 23 27 28+21
2008109	02 13 15 18 23 25 30+10
2009109	02 15 19 21 23 26 29+16
2010109	04 08 10 14 23 24 30+20
2011109	02 04 09 20 21 24 29+27
2012109	04 07 11 12 14 16 18+29
2013109	03 04 05 12 14 24 28+01
2014109	01 03 08 09 15 23 28+25
2015109	01 06 13 17 18 21 27+16
2016109	
2017109	
2018109	
2007110	01 10 13 16 18 20 30+24
2008110	04 05 11 12 14 15 23+16
2009110	08 11 12 16 24 26 29+18
2010110	02 06 19 23 26 29 30+28
2011110	02 06 14 16 22 23 30+13
2012110	04 07 09 17 24 25 27+11
2013110	03 05 08 15 16 17 27+09
2014110	04 05 11 13 18 21 23+10

199

续表

期　号	开奖号码
	基本号码 + 特别号码
2015110	02 04 05 06 08 11 12+07
2016110	
2017110	
2018110	
2007111	11 12 16 18 23 29 30+28
2008111	06 07 08 09 18 26 30+24
2009111	04 06 09 11 19 22 26+12
2010111	02 03 10 18 24 27 29+22
2011111	02 03 06 07 21 27 30+24
2012111	01 04 07 09 10 11 24+02
2013111	01 02 08 18 19 21 29+26
2014111	03 05 08 16 21 29 30+22
2015111	06 08 11 13 15 19 26+03
2016111	
2017111	
2018111	
2007112	02 11 13 17 20 27 28+03
2008112	03 09 20 24 25 26 28+18
2009112	07 10 11 14 17 25 27+02
2010112	04 18 19 20 23 24 29+14
2011112	02 09 10 11 14 22 25+04
2012112	05 07 14 20 22 23 30+19
2013112	01 03 07 24 26 27 29+13
2014112	02 04 08 12 15 18 27+03
2015112	04 05 10 22 23 28 29+02
2016112	
2017112	
2018112	
2007113	05 08 10 13 24 25 29+11
2008113	02 03 05 06 13 23 26+20
2009113	05 08 14 20 22 26 28+13
2010113	02 03 13 15 19 26 27+17
2011113	04 07 08 12 15 22 27+20
2012113	02 20 21 22 25 26 28+12
2013113	06 10 13 16 25 26 29+21
2014113	08 09 11 13 17 23 29+24

第八章 七乐彩同期历史开奖实录

续表

期 号	开奖号码
	基本号码 + 特别号码
2015113	05 12 14 19 21 28 29+23
2016113	
2017113	
2018113	
2007114	05 06 16 20 25 27 30+28
2008114	01 09 13 17 23 28 29+08
2009114	01 10 12 26 28 29 30+14
2010114	01 10 12 13 19 23 29+27
2011114	04 09 10 11 18 27 30+21
2012114	02 07 12 16 25 28 29+08
2013114	05 06 08 09 10 12 24+29
2014114	02 11 16 17 21 23 29+03
2015114	03 04 08 16 20 28 29+21
2016114	
2017114	
2018114	
2007115	01 05 18 19 20 23 27+07
2008115	02 08 10 18 19 25 26+23
2009115	01 02 03 06 14 29 30+23
2010115	03 11 15 19 21 24 26+30
2011115	02 05 06 12 19 29 30+21
2012115	02 08 09 10 13 19 22+29
2013115	02 06 07 12 13 16 17+22
2014115	06 18 19 20 25 26 27+11
2015115	11 16 17 18 20 26 29+04
2016115	
2017115	
2018115	
2007116	06 08 14 18 26 29 30+05
2008116	11 14 19 20 21 22 27+07
2009116	04 06 08 16 21 25 27+20
2010116	01 02 05 17 21 22 25+27
2011116	02 03 08 15 16 23 25+13
2012116	01 14 15 16 22 23 25+19
2013116	06 07 10 13 16 25 27+23
2014116	01 06 08 10 19 21 27+14

201

续表

期 号	开奖号码
	基本号码 + 特别号码
2015116	04 05 08 15 17 20 24+03
2016116	
2017116	
2018116	
2007117	02 07 09 11 17 20 21+16
2008117	02 13 15 19 20 21 29+26
2009117	01 06 12 15 21 22 29+03
2010117	08 10 16 18 19 25 27+13
2011117	12 14 15 19 22 25 27+09
2012117	15 17 21 23 26 28 29+19
2013117	02 03 05 16 17 19 25+12
2014117	05 09 11 12 14 19 28+22
2015117	01 11 13 16 19 23 25+22
2016117	
2017117	
2018117	
2007118	02 04 09 19 20 22 29+12
2008118	01 05 14 23 24 26 27+22
2009118	06 12 16 18 20 23 29+21
2010118	01 03 05 08 12 15 29+22
2011118	06 16 18 23 24 27 30+07
2012118	02 09 17 18 20 21 26+10
2013118	03 10 11 12 16 19 30+17
2014118	07 15 18 21 25 29 30+12
2015118	02 03 07 15 24 27 29+01
2016118	
2017118	
2018118	
2007119	05 08 15 21 22 25 26+10
2008119	06 12 14 15 17 25 27+05
2009119	01 03 05 09 10 20 24+12
2010119	01 09 10 13 19 22 28+29
2011119	03 08 12 19 20 25 26+09
2012119	05 08 09 13 16 21 26+24
2013119	05 10 18 21 26 28 29+11
2014119	01 06 07 10 15 16 20+09

第八章 七乐彩同期历史开奖实录

续表

期 号	开奖号码 基本号码+特别号码
2015119	05 10 13 22 26 28 30+14
2016119	
2017119	
2018119	
2007120	02 05 07 11 22 23 26+08
2008120	05 10 13 16 17 25 28+19
2009120	01 04 06 10 16 19 28+07
2010120	04 05 11 23 24 25 27+19
2011120	03 05 07 15 20 26 30+06
2012120	10 17 18 19 28 29 30+25
2013120	01 04 09 13 16 19 27+08
2014120	02 05 16 17 19 21 25+29
2015120	02 04 06 14 17 23 30+24
2016120	
2017120	
2018120	
2007121	02 07 11 18 22 24 27+01
2008121	02 05 12 13 16 20 29+24
2009121	06 11 14 16 17 21 26+28
2010121	04 06 18 20 21 24 25+14
2011121	05 08 15 25 27 28 30+21
2012121	01 07 12 14 20 26 28+21
2013121	01 03 06 11 13 16 28+21
2014121	02 08 10 21 22 27 29+12
2015121	11 21 23 24 25 26 29+28
2016121	
2017121	
2018121	
2007122	11 16 17 19 21 22 25+23
2008122	06 07 10 11 16 22 27+15
2009122	03 04 05 10 15 20 27+08
2010122	03 07 12 18 21 23 25+06
2011122	02 06 14 16 20 24 27+11
2012122	05 11 14 20 24 29 30+22
2013122	08 09 15 16 20 21 24+10
2014122	01 04 06 12 17 27 29+16

203

续表

期 号	开奖号码 基本号码+特别号码
2015122	01 08 09 13 14 24 29+07
2016122	
2017122	
2018122	
2007123	01 20 21 25 27 28 29+05
2008123	04 07 10 11 15 26 27+22
2009123	04 06 09 21 25 26 30+16
2010123	01 05 11 12 15 16 29+27
2011123	07 11 16 18 20 22 26+09
2012123	01 05 13 20 23 24 30+15
2013123	02 06 07 09 11 14 29+18
2014123	06 10 11 19 23 24 28+14
2015123	06 23 24 25 26 28 30+18
2016123	
2017123	
2018123	
2007124	01 04 18 19 21 28 29+17
2008124	02 03 07 10 11 23 26+04
2009124	03 10 11 15 20 26 28+29
2010124	02 09 10 13 15 21 27+05
2011124	02 06 10 12 14 20 27+19
2012124	01 14 24 25 27 28 30+18
2013124	02 07 09 13 14 24 28+23
2014124	01 14 21 23 24 26 28+05
2015124	04 05 06 13 20 23 27+12
2016124	
2017124	
2018124	
2007125	05 11 13 21 23 27 29+06
2008125	02 05 10 12 13 18 25+20
2009125	04 07 08 19 22 24 26+17
2010125	04 06 12 16 25 27 30+08
2011125	06 11 20 21 23 24 30+27
2012125	04 07 12 16 18 25 29+27
2013125	01 04 23 25 27 28 29+03
2014125	01 09 20 21 22 23 29+15

第八章 七乐彩同期历史开奖实录

续表

期　号	开奖号码
	基本号码＋特别号码
2015125	02 03 15 20 21 25 27+24
2016125	
2017125	
2018125	
2007126	04 05 07 09 10 17 27+11
2008126	01 14 16 17 19 21 26+10
2009126	06 07 14 15 18 29 30+23
2010126	05 12 14 15 16 21 27+23
2011126	02 07 08 17 19 21 29+27
2012126	06 11 18 20 21 22 25+28
2013126	04 09 13 17 21 24 28+25
2014126	02 10 11 18 19 21 25+26
2015126	06 08 11 18 21 27 29+26
2016126	
2017126	
2018126	
2007127	05 08 17 19 23 24 28+09
2008127	03 04 05 10 17 19 22+30
2009127	03 04 15 18 24 29 30+28
2010127	11 12 25 26 28 29 30+16
2011127	06 10 13 18 19 20 23+09
2012127	06 10 18 21 26 28 30+19
2013127	02 07 10 11 22 24 27+25
2014127	05 07 10 18 19 21 27+28
2015127	02 10 11 14 18 20 22+26
2016127	
2017127	
2018127	
2007128	03 04 15 18 22 23 28+21
2008128	02 07 08 09 10 16 30+28
2009128	01 09 10 12 18 23 25+08
2010128	01 07 14 16 18 23 25+11
2011128	03 06 07 09 11 12 19+04
2012128	03 05 06 14 19 23 24+28
2013128	07 10 17 24 27 28 29+14
2014128	02 03 08 10 24 27 28+01

续表

期 号	开奖号码
	基本号码 + 特别号码
2015128	03 13 14 20 25 28 29+08
2016128	
2017128	
2018128	
2007129	02 10 18 23 28 29 30+12
2008129	06 07 11 13 17 18 24+05
2009129	01 06 10 21 23 27 28+05
2010129	01 06 07 08 13 20 25+14
2011129	04 13 17 22 28 29 30+11
2012129	01 04 09 17 18 28 29+11
2013129	04 06 09 11 14 17 27+30
2014129	02 04 06 08 09 10 11+21
2015129	01 06 07 09 14 15 22+23
2016129	
2017129	
2018129	
2007130	06 08 14 18 19 24 28+04
2008130	08 10 15 18 23 29 30+19
2009130	02 17 18 19 23 25 30+14
2010130	03 08 09 17 22 25 26+15
2011130	01 03 13 18 21 23 25+06
2012130	06 07 12 17 19 22 25+13
2013130	08 09 12 15 18 21 28+16
2014130	03 06 10 15 17 19 25+29
2015130	04 05 09 12 13 18 24+29
2016130	
2017130	
2018130	
2007131	02 04 06 10 13 20 26+22
2008131	08 09 12 15 18 23 26+17
2009131	07 08 13 18 21 26 27+25
2010131	05 09 11 21 23 27 30+18
2011131	03 07 12 26 27 28 29+21
2012131	02 10 15 22 25 27 30+29
2013131	11 12 15 16 24 25 30+10
2014131	06 08 10 22 23 24 26+21

续表

期 号	开奖号码
	基本号码 + 特别号码
2015131	01 05 08 11 20 23 30+03
2016131	
2017131	
2018131	
2007132	06 09 10 11 19 21 30+12
2008132	08 12 17 19 20 29 30+26
2009132	02 08 11 13 18 22 23+26
2010132	04 10 12 16 24 29 30+05
2011132	02 08 11 13 16 22 26+29
2012132	01 05 10 17 18 21 30+03
2013132	09 12 16 17 19 23 28+10
2014132	03 04 06 09 12 22 30+25
2015132	01 02 06 07 18 19 30+08
2016132	
2017132	
2018132	
2007133	09 15 20 21 22 24 29+23
2008133	06 07 10 11 20 21 25+08
2009133	02 04 06 20 22 23 29+07
2010133	01 02 03 10 18 27 30+14
2011133	04 08 14 19 22 25 30+15
2012133	03 08 16 18 23 24 29+12
2013133	05 07 10 22 23 24 27+30
2014133	03 04 09 10 12 16 22+11
2015133	03 04 08 09 12 19 28+18
2016133	
2017133	
2018133	
2007134	01 05 09 15 24 25 29+21
2008134	01 08 09 10 14 18 19+27
2009134	02 07 09 19 25 26 30+13
2010134	07 15 16 20 24 29 30+26
2011134	06 08 20 21 25 29 30+12
2012134	03 07 11 14 19 20 21+29
2013134	01 07 08 09 10 26 29+24
2014134	05 12 18 20 21 23 30+01

续表

期　号	开奖号码
	基本号码 + 特别号码
2015134	11 15 19 20 25 27 29+08
2016134	
2017134	
2018134	
2007135	05 09 10 16 17 24 27+02
2008135	02 10 14 21 23 25 30+11
2009135	01 06 09 24 27 29 30+25
2010135	01 09 10 14 18 23 24+21
2011135	04 05 19 23 24 27 29+07
2012135	08 09 11 13 15 23 24+10
2013135	01 03 05 07 19 21 24+22
2014135	05 11 16 19 20 22 23+06
2015135	01 13 20 23 24 27 29+15
2016135	
2017135	
2018135	
2007136	01 13 14 17 22 25 27+21
2008136	01 09 10 22 24 25 28+23
2009136	02 04 05 17 21 22 25+24
2010136	02 06 13 17 22 23 27+12
2011136	06 10 15 16 19 25 26+11
2012136	01 05 14 15 16 27 30+23
2013136	03 05 07 10 14 29 30+16
2014136	02 14 16 19 25 27 29+07
2015136	05 06 11 14 22 23 25+04
2016136	
2017136	
2018136	
2007137	03 08 13 14 17 19 26+23
2008137	03 05 07 10 22 23 27+24
2009137	03 05 11 15 19 27 30+18
2010137	03 07 09 15 16 20 24+18
2011137	06 16 17 20 21 28 29+03
2012137	09 11 23 24 25 29 30+05
2013137	05 07 12 21 27 28 30+16
2014137	02 04 05 06 07 11 12+19

第八章 七乐彩同期历史开奖实录

续表

期 号	开奖号码
	基本号码 + 特别号码
2015137	02 04 09 12 15 17 18+06
2016137	
2017137	
2018137	
2007138	01 12 13 16 17 18 28+20
2008138	02 03 06 07 11 15 26+13
2009138	05 09 13 15 22 24 30+17
2010138	01 06 08 13 16 22 28+23
2011138	02 13 18 24 28 29 30+06
2012138	05 10 12 22 23 24 30+14
2013138	07 09 13 16 17 26 28+05
2014138	06 08 15 17 18 21 22+20
2015138	01 07 15 22 25 26 27+23
2016138	
2017138	
2018138	
2007139	06 11 14 16 19 28 30+03
2008139	01 04 15 19 20 26 29+06
2009139	01 02 03 10 16 26 29+19
2010139	01 05 07 08 10 14 30+27
2011139	01 07 11 15 21 25 28+13
2012139	04 06 07 16 19 20 26+24
2013139	02 05 07 12 15 21 24+27
2014139	02 05 10 21 23 24 25+04
2015139	01 04 06 17 20 25 30+03
2016139	
2017139	
2018139	
2007140	01 07 12 19 20 23 28+08
2008140	02 15 16 20 22 25 26+03
2009140	07 10 14 17 18 19 20+01
2010140	06 07 08 18 19 21 22+12
2011140	07 08 09 11 13 22 30+28
2012140	08 12 17 21 23 25 29+27
2013140	04 06 07 15 23 26 27+10
2014140	10 12 19 21 24 26 28+23

续表

期　号	开奖号码
	基本号码 + 特别号码
2015140	05 06 07 15 21 26 28+29
2016140	
2017140	
2018140	
2007141	01 07 12 14 21 22 24+02
2008141	03 10 12 13 17 21 30+15
2009141	06 10 11 13 17 22 30+29
2010141	03 11 16 21 24 26 27+25
2011141	03 09 12 14 17 25 30+28
2012141	01 04 08 13 14 24 27+25
2013141	06 09 11 12 14 16 24+03
2014141	04 05 12 19 22 24 29+15
2015141	05 07 08 20 23 24 27+03
2016141	
2017141	
2018141	
2007142	01 04 06 08 14 16 20+25
2008142	05 07 12 17 18 25 26+28
2009142	06 07 08 10 19 22 26+18
2010142	01 16 17 19 20 26 27+29
2011142	03 15 16 19 21 23 24+27
2012142	04 09 14 19 22 23 28+07
2013142	01 02 04 21 22 23 25+05
2014142	07 12 19 20 21 24 26+18
2015142	01 07 08 09 18 19 25+15
2016142	
2017142	
2018142	
2007143	05 10 15 16 18 21 27+17
2008143	03 08 17 22 24 25 29+06
2009143	04 07 09 11 18 22 26+08
2010143	03 07 08 14 21 29 30+06
2011143	01 07 08 10 14 17 18+16
2012143	04 12 13 22 24 25 29+30
2013143	01 11 16 17 18 24 27+07
2014143	12 16 17 18 20 25 29+01

续表

期 号	开奖号码
	基本号码+特别号码
2015143	01 05 09 15 16 25 26+21
2016143	
2017143	
2018143	
2007144	04 05 07 14 16 24 26+30
2008144	05 07 12 14 18 22 29+19
2009144	02 03 06 15 19 23 25+04
2010144	02 04 10 13 20 23 24+08
2011144	09 13 19 25 27 28 29+20
2012144	01 02 03 06 09 11 23+21
2013144	04 09 15 17 25 28 30+21
2014144	03 09 10 16 25 27 30+21
2015144	01 04 06 08 15 18 23+13
2016144	
2017144	
2018144	
2007145	01 03 11 12 15 18 21+24
2008145	01 03 10 17 18 19 23+04
2009145	05 10 12 14 19 20 30+28
2010145	01 17 18 23 26 28 30+09
2011145	12 20 23 24 25 29 30+15
2012145	01 02 03 06 09 11 23+21
2013145	02 07 09 15 19 21 28+01
2014145	04 09 17 26 27 28 29+14
2015145	04 06 12 16 17 19 25+22
2016145	
2017145	
2018145	
2007146	07 10 12 20 22 27 29+30
2008146	01 04 06 18 22 24 26+08
2009146	03 04 06 12 15 17 29+21
2010146	07 15 24 26 27 29 30+06
2011146	09 13 16 21 22 26 30+18
2012146	07 10 12 24 26 28 30+18
2013146	01 02 06 07 08 11 20+26
2014146	06 08 10 15 23 28 29+24

续表

期　号	开奖号码
	基本号码 + 特别号码
2015146	04 11 18 22 23 25 28+10
2016146	
2017146	
2018146	
2007147	02 07 09 10 16 20 28+13
2008147	01 10 13 15 18 20 28+02
2009147	07 08 11 18 20 26 30+25
2010147	01 19 20 26 27 28 30+05
2011147	01 06 10 20 22 26 30+09
2012147	02 10 12 13 27 29 30+03
2013147	03 06 10 12 13 15 29+24
2014147	05 09 10 15 27 28 30+21
2015147	03 05 06 09 18 27 28+11
2016147	
2017147	
2018147	
2007148	01 02 05 13 18 22 27+29
2008148	02 05 06 09 19 20 27+26
2009148	02 05 07 08 09 10 12+16
2010148	01 03 06 10 13 19 29+11
2011148	01 02 10 23 25 28 29+20
2012148	04 10 13 18 19 28 29+23
2013148	02 13 14 20 22 25 28+16
2014148	03 07 12 14 16 22 24+21
2015148	09 10 11 13 18 23 28+20
2016148	
2017148	
2018148	
2007149	02 13 15 16 19 23 26+27
2008149	05 06 08 14 16 28 30+03
2009149	09 10 17 18 25 29 30+05
2010149	01 02 13 18 27 28 30+29
2011149	01 06 11 15 19 20 29+09
2012149	01 02 04 09 11 17 20+03
2013149	01 05 07 11 18 22 25+26
2014149	03 15 18 20 24 27 30+25

第八章 七乐彩同期历史开奖实录

续表

期　　号	开奖号码
	基本号码 + 特别号码
2015149	08 09 10 12 24 26 29+13
2016149	
2017149	
2018149	
2007150	09 11 13 15 21 23 24+04
2008150	01 03 10 14 15 17 29+04
2009150	01 10 11 12 14 16 21+20
2010150	09 15 19 25 26 27 29+22
2011150	01 05 13 15 16 19 24+08
2012150	07 09 13 14 17 19 29+08
2013150	03 07 10 13 15 25 30+20
2014150	05 07 09 10 13 14 20+27
2015150	02 06 17 21 24 29 30+28
2016150	
2017150	
2018150	
2007151	05 08 11 19 24 26 28+12
2008151	02 05 10 15 18 21 27+28
2009151	05 12 15 20 24 25 27+06
2010151	02 07 08 10 15 23 24+13
2011151	01 16 18 19 24 27 29+30
2012151	05 08 11 15 20 21 24+02
2013151	12 16 23 25 27 28 29+30
2014151	03 04 16 17 24 25 30+01
2015151	04 06 11 15 16 17 25+01
2016151	
2017151	
2018151	
2007152	07 10 15 18 22 23 24+20
2008152	06 08 12 14 17 19 29+28
2009152	08 11 17 20 21 26 28+10
2010152	06 07 11 12 14 24 28+21
2011152	06 07 09 10 18 19 23+27
2012152	13 14 16 18 20 24 26+30
2013152	01 04 06 11 14 16 24+03
2014152	01 04 08 11 25 27 29+20

续表

期 号	开奖号码
	基本号码 + 特别号码
2015152	04 10 15 20 23 26 29+27
2016152	
2017152	
2018152	
2007153	02 08 13 20 27 29 30+19
2008153	02 09 13 16 20 25 26+29
2009153	05 07 11 12 13 21 22+01
2010153	04 05 11 20 23 26 27+19
2011153	04 09 12 14 16 17 20+21
2012153	11 15 23 25 26 28 29+08
2013153	05 19 20 22 26 28 30+02
2014153	06 07 09 17 18 20 29+15
2015153	12 18 19 22 23 25 30+14
2016153	
2017153	
2018153	
2007154	××××××+×
2008154	05 06 07 11 20 26 27+03
2009154	××××××+×
2010154	03 04 07 16 20 25 26+27
2011154	××××××+×
2012154	01 02 18 19 24 26 28+08
2013154	××××××+×
2014154	03 08 09 19 22 26 28+15
2015154	××××××+×
2016154	
2017154	
2018154	

注：××××××+×代表本期没开奖。

每章归纳

本章以历史同期开奖号码为依据，给彩民朋友参考。

第九章 总 结

七乐彩，即 30 选 7 的乐透型彩票，其趣味性不亚于双色球和大乐透。

一、"三先"

众多彩民选择号码时感觉似乎无从下手，有的人完全凭一时冲动随意选择，而一些技术型彩民选择的投注单也总是"差一口气"，中不了大奖。

选择号码要把握好"三先"。

（1）定胆码先看温码。在之前的 10 期中，出现过 2 次的，出现过 1 次且呈现由冷转温态势的，出现过 3 次属温热号码且呈发散弹出状态的，这三类胆码都有各自特性，而温性表现是它们的共性。所以，彩民朋友在运用胆拖法投注时，胆码选择应以温码为主，因为它兼容热码和冷码均向温码转换的态势，所以容易抓准。

（2）定连码先看热码。连码总表现为与热码关联这一"固有特性"。如果我们借助哲学概念诠释的话，所谓热码是指在一定时期必须有一定出号频度的号码，而以连码形式出现表明，这样的号码真正做到了"热到极致"，是最称职和最壮观的一种热码表现形式。

（3）杀号为先。30 个号码，有时不知道如何下手。其实，运用杀号法精选号码是比较好的。

一般情况下，我们可以通过对重复码、邻码、热号及冷号等的指标分析进行杀号。观察走势图，在中奖号码中，重复号的表现是非常频繁的，基本上每期都会有。重复号码在 1~3 个，最多可达 4。上期重复号码多，下期可以适当减少。

冷号，热号是比较容易判断的，杀掉遗漏 5 期以上，尤其是多期未出现的号码。热号也可以和冷号相符，号码连续多期开出，为了保持盘面平衡，可能暂时隐藏。

二、小技巧

七乐彩在某时间段存在一定的走势，一定周期内的不同号码特征，用于选胆。

等差数列定胆。

有些号码间距存在着等差数列现象，差值为 1 的居多。例如 2016001 期开奖号码：16、18、20、21、22、23、24。18 − 16 = 2、20 − 18 = 2、21 − 20 = 1、22 − 21 = 1 等。

连号攻略。30 选 7 的一个比较有意思的现象是连号非常容易产生，有时候甚至出现 3 组连号，而 1 组到 2 组连号则很常见。在定胆之后，我们可以把其周边的号码也圈进来，还可以从有没有连号这个指标入手，以检验选号是否有效。

邻号攻略。30 选 7 每期开出 8 个奖号，一般下期都会在其周边出现一定数量的奖号，这些就是邻号，即相邻挨边号。我们可以先把上期的邻号挑选出来，再从中选择 3 个码作为备选号码，进行投注。

隔期号攻略。30 选 7 的奖号会出现周期性开出的现象，我们可以重点考虑间隔数为 1 期和 2 期的号码。

三、八招小技巧

（1）胆号要用最近比较活跃的号码或者预测出号概率大的号码，考虑到有的冷码将要开出或者一定开出的时候，还是把它放在拖码里为宜。

（2）胆号之间一般不要用个位数相同的同尾码（例如 01、11、21）和个位相近的号码。如果觉得把握很大，同尾码也最好放一个到拖码里，把胆码的个位数字拉开。

（3）胆号里最好包含上一期连号中的一个号码，因为大多数情况，上期的连码中会开出一个。

（4）胆号里最好包含上期的重码。

（5）胆号要注意单双比例，不易全选单数或全选双数。

（6）当胆号之间没有连码时，可以在选拖码时弥补成二连码或三连码。

（7）考虑到和数值的问题（不得使重心变化太大），胆号可以大部分选取中间区域的号码。

（8）胆码通常选自中奖次数偏少的弱势区。

四、区间分析号

在七乐彩实战中，按三分区（或六分区）对奖号进行划分，如能断定出哪一个区间可能进入休眠期或中出奖号较少时，我们据此便可放弃对此区间的围捕，大大缩小了选号范围，同时也排除了大量的废号。七乐彩一般被分为6个区，可根据某一区域内号码热出或极冷程度进行大胆的杀号。

五、012路分析号

七乐彩30个号码按照除3余数分类，012路均为10个号码，在开奖中，012路号码不是均衡给出的，在每一期的开奖中，或者某一个阶段的开奖中，这3类号码总是会有冷热的明显区分：在某个余数类型的号码热出时，可以追捧；在某个余数类型的号码冷藏时，可以大胆排除至少8个号码。

即便我们从每组余数里都挑选出6个号码，则每组余数至少能剩余4个号码。也就是说，每期至少可以从每组余数里面排除4个号码，这样下来，一共排除12个号码，非常稳妥。

选七型彩票选号组合一般原则分为以下几点：

（1）数字总和应该大于或是比较接近开奖号码的理论平均总和，xx/7型彩票的理论平均码和是115~135。

例如，和值表，如表9-1所示。

表 9-1 和值表

期号	开奖号码	和值
15146	04 11 18 22 23 25 28	131
15147	03 05 06 09 18 27 28	96
15148	09 10 11 13 18 23 28	112
15149	08 09 10 12 24 26 29	118
15150	02 06 17 21 24 29 30	129
15151	04 06 11 15 16 17 25	94
15152	04 10 15 20 23 26 29	127
15153	12 18 19 22 23 25 30	149
16001	16 18 20 21 22 23 24	144
16002	04 06 15 18 23 25 26	117

注：留心观察和值。

（2）符合奇偶搭配规律及数码分布应该符合常规，即不能全出奇数或者全出偶数，至少奇偶数也要有两个，号码布局不应该过于集中。

例如，奇偶比表，如表 9-2 所示。

表 9-2 奇偶比表

期号	开奖号码	奇偶比
15146	04 11 18 22 23 25 28	3∶4
15147	03 05 06 09 18 27 28	4∶3
15148	09 10 11 13 18 23 28	4∶3
15149	08 09 10 12 24 26 29	2∶5
15150	02 06 17 21 24 29 30	3∶4
15151	04 06 11 15 16 17 25	4∶3
15152	04 10 15 20 23 26 29	3∶4
15153	12 18 19 22 23 25 30	3∶4
16001	16 18 20 21 22 23 24	2∶5
16002	04 06 15 18 23 25 26	3∶4

（3）应该有自己可以认定要开出的号码，如果你认为这一期肯定要出 16 号和 28 号，那么就可以用这个取舍标准选择号码。

（4）自己制定的其他取舍原则。有两码尾数相同的号码组合，第一位数为奇数的组合，等等。快速选择号码可以避免难以决断，也不用投入太多时间和精力，效果却是格外显著的。

只有对彩票中奖号码各种规律充分掌握才可以达到灵活、熟练、快速的应用。但是在应用中的规律并不是一成不变的，相反，是瞬息万变的。应该制定准确计划，迈向目标。

组合号码之前，要对每个数的特点熟记，特别是对于热号，要做到心中有数。变化最大的即是号码的特点。要把本期所选择的号码放到中奖号码中，将这一整体的号码进行分析和剖析，把它作为中奖链条中的一环对待，千万不要从孤立和静止的角度去观察。

选号主要是利用已知中奖号码的规律和表现特点，尽可能地缩小选号范围。

出号码的过程是需要思想和特性力高度集中的过程，不可以中途打断思路，建议在头脑清醒、无任何障碍的情况下完成选号、分析、组号全过程。

选取号码时要用好、用全、用活各类彩票书籍——各种分析表、统计表、变化图。

六、常用的选号原则

（1）组合号码的无序原则。每期中奖的 7 个号码，往往呈无规则的排列，数与数之间相减或相加的级差不会平衡。所以，依据算术级数和呈几何形状的对称分布在一注号码里最多只有 4 个号码，不可能是全部。若一注号码中有 16、9、12、15、11、4、7、10、13 等这类有序排列的号码出现，则必须进行调整，将其有序号码的比例降低。

（2）奇偶比例和谐原则。据统计，"30 选 7" 中奖号码中单双码出现的比例基本持平的情况占绝大多数，按 7 个号码计算，常见的比例为 4、3、5、2，极少出现 1、6、0、7。具体运用何种比例选号，参考近 5 期中奖号码的单双码比例。一般来说，一种比例或占优势或处于劣势，在正常情况下不会持续超过 3 期，会在第四期发生变化，而通常在两期内单双码比例的多少就发生变化，使号码性质更趋于平衡。

（3）大小比例和谐原则。该原则与单双码原则基本相同，常规下将 1~18 的号码段列为小码区，19~30 的号码段列为大码区，中奖号码的比例也是以 4、3、3、4 或 5、2、2、5 为主。但大小码原则还要考虑旺数周期原则，要充分考虑哪一个小区处于旺数周期。旺数周期内的区间往往出码偏多，并且可以维持 5 期左右，这时小码或大码可抓 5 个。

（4）区间缺号原则。1~5、6~10、11~15、16~20、21~25、26~30 即为组合式彩票的 5 个小区和 1 个特区，至少有 90% 的中奖号码散落在上述其中 5 个小区内，而常有 2 个小区为空号区间，一个小区内的出码常规不会超过 3 个，每期都有 6~21 个位置为空格。也就是说，在每一注投注号码里，不宜在每个小区都选择 1 个号码，而全部投注号码只需在其中的 4~5 个小区内选择即可。

（5）号码之间关系比例差异原则。据统计，在组合式彩票的中奖号码中，关系码一般占 4~5 个甚至高达 7 个名额；非关系码一般仅有 2~3 个甚至 1 个名额。关系码中包含重叠码、边码、斜连码，重叠码和边码是每期中奖号码中不可或缺的，一注投注号码中的重叠码、边码、斜连码、对望码等各种号码的比例依据走势图上号码的趋势来确定。

（6）区域边缘号码出现原则。区域边缘号码是指区域分布图中每个区域两端的两个号码，比如 30 选 7 共有 1、5、6、10、11、15、16、20、21、25、26、30 这 12 个，每期组合式彩票中奖号码中都有 1~6 个号码出现，通常有 3~5 个出现。所以，投注前应将投注号码再次进行检验，看投注号码中有没有原状图上的 3~5 个边缘号码。若不够需添加；若多出则删减。

七、选号技巧解析

（1）从冷热号码中选择。30 选 7（七乐彩）中奖号码的组合特点之一是：冷热号码组合分明，综观 30 选 7 历期开奖号码的中奖号码组合，多数是热号占 2~4 个，冷号占 1~2 个，不冷不热号占 2~3 个的组合搭配。一般来说，每期待选的热号约有 6 个，冷号约有 5 个，不冷不热号约有 9 个，全部选出的待选号码共有 20 个，约占 30 选 7（七乐彩）号码总数的 2/3。如果考虑号码之间的关系因素，如连号、重复、相邻、个位数、间隔、大小比、奇偶比、区间比等，还可以删除 6~8 个号码，最后待选号码仅为 12~14 个。

（2）从个位数同尾号选择。30 选 7（七乐彩）的选择号码范围共有 30 个号码，如按 0~9 这 10 个个位数来划分号码，实际上只有 10 组数字，例如 10、20、30 为一组，01、11、21 为一组，02、12、22 为一组，直至 09、19、29 为一组。

据统计，30 选 7 历期开奖号码中出现 2 组 2 个同尾号的比例达 50%，出现 1 组 3 个同尾号的占 5%，出现 1 组 2 个同尾号的占 40%，没有同尾号出现的比例为 5%，依据每注中奖号码从 4~5 个个位数形式出现的特征，选号时，如果选 4 个位数则只需选 4×3=12 个号码，同时应按重复号、相邻号、斜连号、间隔号原则进行挑选，然后交叉组合投注。

（3）区间号码选择。可根据中奖号码分布图，把 30 选 7（七乐彩）分为六个区，如 01~05、06~10、11~15、16~20、21~25、26~30。据统计，30 选 7 中奖号码 85%的期数中有 1 个为空号小区，有时甚至出现 2 个空号小区。

连号、重号最常见。七乐彩的连号和重号特点表现非常明显。投注的时候可以以当期开奖为参照进行选择。例如，最近一期的开奖结果是 03、09、10、11、12、17、29。可以从中选择 03、04，16、17、18，28、29 等作为下期投注的号码。这样有利于缩小选号范围。

盯住冷号区间。七乐彩的号码平均间隔是 4，即平均每 4 个号码中就能开出一个。所以，七乐彩的号码间隔比较密集，三个相连号码（例如 5、6、7）连续三期均未开出，就可以关注这一冷号区间进行投注，假如目前走势上连续三期未出现的三连号集团有 4、5、6 和 19、20、21，那么进行投注的时候，可以从这两个区间分别选取 1~2 个进行投注。

分析号码出现频率。将号码出现的频率在小范围内做均衡，可以主要选择近 30 期内出现次数比较少的等进行投注。

七乐彩选号技巧多种多样，当然不只是上述这些，希望彩民掌握更多的选号公式、杀号公式、走势分析方式，等等。

号码密集地集中一处出现就称为聚集现象，两个号码之间相隔较远地出现称为远距现象。中奖号码中的聚集和远距如同一对孪生兄弟常常联袂出现。这些现象堪称典型的号码聚集远距。这个现象有以下特点：

1）聚集号码群有 4~5 个，构成远距的第一个号码和最后一个号码之间的间隔格数最少必须达到 9 格或 9 格以上。

2）号码聚集群内常占有部首的 3~4 个号码，并且伴有间隔码和连码出现，远距号码之间距离越远，越需要我们从同位码原理中捕捉另一个远距号码。

3）由于号码的聚集和远距同时出现，加上号码的相关关系，远距号码一般单独出现后身后往往还伴有其他号码，并且这个号码的不确定性较大。在捕捉聚集和远距号码中，应该以聚集号码为主，远距号码为辅，要特别注意由上期号码的旺数周期现象所引出的聚集号码。

在七乐彩中，相邻两奖号的平均间隔为 $(30-7)\div 7 \approx 3.3$，如果考虑到特别号，则平均间隔为 $(30-8)\div 8 = 2.75$。七乐彩奖号之间的平均间隔比双色球小得多，其上下期重号、斜连号自然也多，可在选号定胆时参考。

八、斜连分类区别对待

七乐彩斜连号走势与双色球红球的斜连号走势有可比性，可在选号、定胆时广泛运用，我们从七乐彩近期的开奖号码中分析斜连号的走势。

斜连（反斜连）号：奖号逐期、逐个中出为斜连号，如反向中出则为反斜连号。在七乐彩号码走势上可以看出，斜连号最多可达连续的 7~8 个，如第 026~028 期 8~21~10 和 14~16 的斜连号，第 0231~027 期 19~15 的反斜连号。

隔期（反）斜连号：隔一期的号码形成的斜连号或反斜连号，如第 026~028 期 12~13 的隔期斜连号。这两种情况开出比较多。

隔号（反）斜连号：隔一个号形成的斜连号或反斜连，其实就是奇偶号的相连形态，隔号斜连一般也以反向的自右向左的走势为多，在定胆时须灵活运用。

九、交叉定胆以偏求正

如果从斜连、隔期斜连、隔号斜连这 3 个角度进行综合考虑，则可交叉定位，从而在确定胆码时重磅出击。如果把中奖号码按除 3 余数 012 路进行三分区划分，则走势必是另一种表现形式，也可以用来交叉定胆。

十、看走势图选号直觉先行

事实上，斜连也好，反斜连也好，隔号斜连也好，隔期斜连也好，都是奖号逐个、逐期摇出后，在号码走势图上形成的特殊图形。不同的奖号分布图上会有不同的走势，关键是看彩民习惯何种图表。

一般而言，斜连定胆在每期中不应超过3个号码，定多了就会适得其反，必须用多种方式综合确定。

假如我们用近10期七乐彩奖号的一组数据进行分析。看看在奖号给出上都有哪些特征能为我所用，这对我们提高今后几期中选取奖号的准确度有很大的益处。

七乐彩近10期的主要给号特征假设为，奇数和偶数在奖号给出中极不平均，奇偶比例已严重失衡。在10期中奇数占据了其中的42个，偶数只占了28个，奇偶数均高出或低于35平均值7个奖号。

10期中的奇偶给出比例为42：28，奇数比偶数多给出了14个奖号，奇数占10期总给出量的60%，偶数仅占总出号量的40%。

从奇、偶两数的单期给出比上分析，奇数平均单期出号4.2个，偶数平均每期给出2.8个。从这10期中奇偶给出数上我们可发现，奇数给出多于偶数。

从对比中发现，这一期段中奇偶正常给出态势已被打破，近10期奇数占据出号主导地位，奇数走强已是不争的事实，奇数示强、偶数示弱已是近10期奖号给出中的一大特征。

那么接下来的几期，我们在选号时就可以偶号为主进行组合，提高中奖概率。

除了奇偶外，大小、和值、质合等指标同样可作为重要参考资料，彩民朋友要多多关注。

七乐彩选号法比较实用，彩民朋友可结合自己的经验和想法，合理地将它们应用到投注当中。

十一、选号步骤

第一步：利用历史同期开奖号码选择超级大底。

第二步：将剩余号码分为01~15、16~30两个区间。奖号全部集中于某一区间的情况很少出现，可以不做考虑。应在两大区间均匀选取号码。

第三步：将两大区间的号码细分为01~05、06~10、11~15、16~20、21~25、26~30六个小区间，参照最近号码走势，在"30选7"的六个区间里至少有1~2

个区间不出号码，而在其他小区间内的号码可达到 2 个或 2 个以上，所以选号前根据前期号码走势确定最"热"的两个区间，就等于确定了 3 个或 3 个以上号码。

第四步：在分布的六个小区间内，选号时可借鉴往期开奖情况，充分考虑重复号。

第五步：确定区位后开始选号。一般来说，开奖号都可以在倒推三四期中找到轨迹。在两大区间的号码分布为 1∶6 和 6∶1 的情况也很少见，尽量不要考虑。

第六步：把握奇偶数的变化走势，注意奇偶偏差的总体趋势。全奇全偶的通常可以不考虑。尽量考虑的比例为 3∶4 或 2∶5 的一些形态。

第七步：注意号码和值的走势。30 选 7 刚进入全国联销，此点可能很少受人重视，但奖号的和值总会维持在一定的水平，并有升降变化。

第八步：参考其他一些乐透型玩法的彩票游戏，如双色球等，一样要关注连号、同尾号。连号、同尾号在每一期的开奖号中经常出现。

第九步：最重要的一步，对选好后的号码要进行全面的检验。从奇偶比、落号、连号、往期区间分布等不同角度进行分析对比，得出最合理的号码组合。

十二、选号五要点

（1）静观：与小盘彩票相比，七乐彩数字较多，同样是无排序数字游戏，彩盘数字个数属于中上，所以如何选号、如何搭配，其中自有玄机。另外，投注采用何种方式、阶段性资金投入计划等，都要全部考虑在内，冷静思忖。

（2）剖析：充分的开拓信息渠道，储备丰富的彩票知识，熟记号码的出号情况，注重对彩票的所有信息进行合理剖析，达到自己满意的标准，选出最得心的号码组合，这样才可以愉悦身心，充实生活，又可以接近大奖。

（3）变通：有不少彩民朋友采用守株待兔的方法博彩，当然这也是一种方法。不过，事物是变化的，变幻莫测的彩票世界更加深奥。这种以不变应万变的概率实在太小了。所以要善于仔细分析开出号码的状态，力争从不同角度、不同方向捕捉瞬息万变的号码信息，才可以成为大赢家。

（4）舍弃：总体来看，中奖号码以区段来说，没有偏重、偏轻的现象产生，但是，在一定期间，个别号码或出号区域肯定会偏重。在这种情况下要勇下决心，抓住灵感，敢于舍弃无把握的号码。

（5）翻新：七乐彩中的重号现象比较普遍，一般重复1~2个号码，要学会巧抓这样的重号。有经验的彩民朋友一般会把上期开奖号码中某一个或两个号码作为胆码，再配上其他号码，组合成胆拖投注。也有的把隔10期以上的某几期中奖号码拿来拆解、重组，形成新的投注号码，建议朋友们不妨一试。

十三、选号策略

（1）重号为先。

表9-3 重号为先

期号	开奖号码	重号
15147	03 05 06 09 18 27 28	09 18 28
15148	09 10 11 13 18 23 28	09 10
15149	08 09 10 12 24 26 29	24 29
15150	02 06 17 21 24 29 30	06 17
15151	04 06 11 15 16 17 25	04 15
15152	04 10 15 20 23 26 29	23
15153	12 18 19 22 23 25 30	?

（2）连号为大。

表9-4 连号为大

期号	开奖号码	连号
15147	03 05 06 09 18 27 28	05 06 27 28
15148	09 10 11 13 18 23 28	09 10 11
15149	08 09 10 12 24 26 29	08 09 10
15150	02 06 17 21 24 29 30	29 30
15151	04 06 11 15 16 17 25	15 16 17
15152	04 10 15 20 23 26 29	无
15153	12 18 19 22 23 25 30	18 19 22 23

（3）同尾辅佐。

表 9–5　同尾辅佐

期号	开奖号码	同尾
15147	03 05 06 09 18 27 28	18 28
15148	09 10 11 13 18 23 28	13 23 18 28
15149	08 09 10 12 24 26 29	09 29
15150	02 06 17 21 24 29 30	无
15151	04 06 11 15 16 17 25	06 16 15 25
15152	04 10 15 20 23 26 29	10 20
15153	12 18 19 22 23 25 30	12 22

十四、选号规律

三少：全奇少，全偶少，不连又不重的少。

三多：连号多（四连），重号多（八重），斜线多（七斜）。

三不会：当期某区出三连号（含3个以上）时，下期本点不会连续再出3个以上；一个区出5个号时本区不会继续；三区比例"跑偏"时这一模式不会连续；还要注意目前出3个以上连号时锥形排列多于塔形排列。

下面介绍选号方法。

第1个号码：取上一期开奖号码中的其中一个，即为重复码。七选一如何准确选中，关键有三点：一是看7个开奖号码哪个是由冷转热的号码，由冷转热的号码值得信赖；二是看哪个区间正在走旺，某区间走旺时，该区间里的号码会连续弹出；三是看你所选的这个号码是不是与再上一期的号码有联系，有联系比没联系的强，这种联系主要是指重复、夹码、边码三种关系。一般而言，上期7个开奖号码中只有1~2个号码符合这些条件而成为首选号码。

第2个号码：取上一期开奖的某个号码的边码。上一期7个号码所能产生的边码最多达14个，14选1有14种可能，可以采取剔除法进行筛选，一要剔除走冷的边码，二要剔除走冷区间的边码，三要剔除喜欢间歇式弹出的边码。因边码比较多，经过筛选以后可能仍会有2~4个边码符合条件，这时可先将符合条件的边码全部选上，再在最后综合时考虑删除部分不是特别理想的边码。

第3个号码：取上三期开奖号码中的夹码。上三期号码中一般会有奇数连号或偶数连号，这种连号之间隐藏的号码就是夹码。即使 3 期号码中没有奇数或偶数连号，也一般会有大小差值为 3 的相距很近的号码。夹码的趋势性很强，可通过以往夹码的弹出情况进行取舍，并与其他号码放在一起综合考虑。

第 4 个号码：取最近 7 期开奖号码走势的反应值。7 个开奖号码之和称为和值，将最近 7 期每期的和值计算出来，然后分别计算出 7 期号码的总平均值（即 7 期的和值相加再除以 49，简称 A）、最近 7 期中的前 4 期号码的平均值（即 4 期的和值相加再除以 28，简称 B）和最近 3 期号码的平均值（即 3 期的码和相加再除以 21，简称 C），那么 7 期号码的反应值就是 "A+B−C"。B−C 为负数时，反应值小于 A；B−C 为正数时，反应值大于 A。对该反应值四舍五入所得到的数字是第 4 个号码。

第 5 个号码：取开奖号码弹出的间隔状态码。

看哪几个号码此前曾经连续弹出 2~3 次，但最近却已经有 2~3 期没有弹出了，这些号码符合以下三点就可以大胆选择：①它不是近 3 期号码中的夹码；②它不是上一期号码中的边码；③它不是此前的大热码。实际上，这是指遗漏期 2~3 期的号码，这种号码弹出的规律性很强，且往往形成了一种明显的弹出模式，可自制一张号码遗漏期数表格加以分析，能因此得到较为直观的选号感觉。

第 6 个号码：最冷的号码。看哪个号码最长时间没有弹出就选择哪个号码。如果你不喜欢追冷号的话，就选择第二冷或第三冷的号码，每期开奖号码中总会有一个号码是冷号，不要轻易放弃。

第 7 个号码：最热的号码。最热的号码是在最近 20 期内出现次数为前五名且连续多期重复弹出的号码。

以上 7 个步骤最少可获得 7 个号码，但有些步骤选号并不是唯一的，有些步骤所获得的号码可能重复，所以最终获得的号码肯定会超过 7 个，这时需要综合考虑，能删则删，能组合则组合。在删号时请注意，以上 7 个步骤的重要性依次递减。也就是说，删号应从后面的第 7 个号码删起。如果你觉得每一个号码都来之不易，则可以不删除，或采取复式全包，或运用单注组合，或进行缩水投注。必要时可考虑以前五个步骤所取得的其中 5 个号码作胆，其他号码两两结合作为拖码，胆拖组合，全面。

十五、经验总汇

第一，根据走势图确定号码范围。根据每次开奖的单位号码走势图，我们认为能很好地体现号码的走势规律，号码的每次弹跳都代表该号的一次运动轨迹，为了系统、全面地研究号码的弹跳情况，每期开奖号码（含二、三次开奖）应列出。列出走势图以后，可以清晰地看到开奖号码的运动轨迹，一般呈斜线形走势分布，根据走势图可以分析出15~20个关系码，有时根据走势图的特殊性，甚至可以筛选掉某个区间使选号范围变得更小。

第二，依据号码组合搭配规律选出3个左右的胆码。号码的组合搭配不是一成不变的，一般来说，10期左右一个循环，最近10期的参考价值较大。上期开出03，下期开奖通常会出04，上期出09，下期通常会出10，13、17在一段时间内经常连在一起出。13和14连号出现的机会则特别少，观察最近10期的出号情况可以发现一些号码的关联性，从而进一步减小选号的范围提高中奖率。

第三，根据冷热转换规律选冷号、重复号。冷号，尤其是10期以上未出过的极冷号，出号一般不会突然出现在一次开奖中，大多出现在二、三次开奖中，热身后才在一次开奖中开出，所以对于冷号不能忽视。有些冷号一直不出现（包括二、三次开奖），会突然开出在某一期中。不过，这样的号码较少，它们的出现与整个区间的骤热息息相关。

热号一般分两种情况：

第一种情形：连续出现一、二、三期开奖中的号码，一般连续两期后便开始休整，过一二期再重新出现。

第二种情形：只在第一次开奖中出现，这样的号码，一般出现周期较长，有时候可以连续出现三四期，然后经过较长时间休整后再次出现。

冷号是否突然出现，热号是否重复出现，要参考号码走势图，以及整个区间号码的出号情况，也就是要考虑走势图周边环境的影响。周边号码是否按兵不动，或是倾巢而出，都对特定号码的出现有影响。

第四，把所选号码进行胆拖搭配。通过层层筛选之后，可以选择3个左右的胆码，12个左右的备选码，一般备选号码不能太少，胆码不能太多（极为有把握的除外)。把选出的胆码和备选号码分组搭配,每一组合都要有所依据,都要代表一种出号可能。组合时根据号码的奇偶、冷热、相生相克的规律,精心挑选出 10 注左右的单式投注(至少要 5 注进行拉网式投注)。逐期跟进,每期跟进的号码最好在原号码的基础上修改 3~4 个号码,进行围追堵截,相信一定会有收获。

十六、连号选号规律

研究连号,有很重要的价值。在每一期开奖号码中,能断定哪个区段有可能出连号,则可以利用这个区段的号码为主,搭配其他号码,那么中奖的概率会大大提高。能确定某个区段能出现四连号,以这个区段号码为主,组成几个四连号的搭配号码,再进行较大的金额投注,那么,不但注注有奖,一等或二等大奖也有可能落入网中。

看相连号,要对相连号出现的规律和特点进行把握。

(1) 相连号是乐透型彩票中客观存在的一个很有特点及规律的选号思路。

(2) 在每一期的开奖号码中,经常有相连号码出现,因此,在选号投注中,一定要配比相连号。

(3) 当某个区域的号码多期未出的时候,走势图中,出现明显空档时,该区段出现相连号及三连号和四连号的概率很大。

(4) 当某期奇偶比例相差较大时,下一期相连号出现的机会增大。

十七、小复式投注

七乐彩的单式投注是从 30 个号码中选取 7 个号码为一注,在复式投注时可以选 8 个及以上的号码,做多选 16 码。

投注方法:

第一步,从七乐彩 30 个号码中选定 11 个号码,然后对应编入"ABCDE-FGHIJK"中。

第二步,将选定的 11 个号码按公式组成 8 个号码的 10 注小复式。

公式如下:

①A、B、D、E、F、G、I、J

②B、C、E、F、G、H、I、J

③A、C、D、E、G、I、J、K

④A、B、D、F、G、H、I、K

⑤B、C、D、F、G、I、J、K

⑥A、B、D、E、G、I、J、K

⑦A、B、C、D、F、G、H、I

⑧B、C、E、F、H、I、J、K

⑨A、C、D、F、G、H、I、K

⑩B、C、D、E、F、G、H、I

第三步，按自己的经济情况，有选择的投注。

将10注八码小复式运用奇偶比、总和数、区间比等进行再次检验。

注意事项：

(1) 选号随机应变，可以根据上期和上几期开奖号码的变化进行灵活选号。

1) 至少要有两个以上上期开奖号码；

2) 至少有一组连号或三连号，同时要有一组或两组同出号；

3) 至少有2个冷号、3个以上中性号和4个以上热号；

4) 至少有1~2个自己特别关注、较有可能出现的号码；

5) 至少有1个自己最不看好、最不易出现的号码。

(2) 对所选号码进行检验。首先，仔细查看所选号码，是否有5个以上的数字之间存在等差、等比关系，是否有大于4个的连号，有6个以上的奇数，有7个号码同时偏大或偏小，6个号码同时在一个区间里，如果发现以上情况，则应作适当调整。其次，观察是否有与历史中奖号码完全一样的组合（6个基本号码相似），如果有，应坚决删除。

举例：2016006期小复式选号。

前五期开奖结果：

16 18 20 21 22 23 24 + 29

04 06 15 18 23 25 26 + 12

01 08 12 13 21 26 28 + 27

04 07 09 13 15 21 28+29

02 03 04 20 21 23 26+22

第一步，从 30 个号码中选出 11 码：01、07、08、09、10、12、14、15、19、20、22。

第二步，利用公式组出复式投注号码。

①A、B、D、E、F、G、I、J
01 07 09 10 12 14 19 20

②B、C、E、F、G、H、I、J
07 08 10 12 14 15 19 20

③A、C、D、E、G、I、J、K
01 08 09 10 14 19 20 22

④A、B、D、F、G、H、I、K
01 07 09 12 14 15 19 22

⑤B、C、D、F、G、I、J、K
07 08 09 12 14 19 20 22

⑥A、B、D、E、G、I、J、K
01 07 09 10 14 19 20 22

⑦A、B、C、D、F、G、H、I
01 07 08 09 12 14 15 19

⑧B、C、E、F、H、I、J、K
07 08 10 12 15 19 20 22

⑨A、C、D、F、G、H、I、K
01 08 09 12 14 15 19 22

⑩B、C、D、E、F、G、H、I
07 08 09 10 12 14 15 19

如举例中，选 11 码包含全部开奖号码的，一定有一等奖产生。

每章归纳

本章主要介绍了七乐彩的重要方法及操作要点。

第十章　七乐彩杀号定胆方法集锦

七乐彩一共有 30 个号码，然而中奖号码仅仅开出 7 个，其余的 23 个号码全部为废除号码。因此，选号应该先排除号码，也就是常说的杀号，不断缩小选号范围，有效地节约资金，还可以提高中奖率。

一、和值尾数杀号法

例如：2016004 期开奖号码 04、07、09、13、15、21、28+29，和值 97。杀和值尾 7：07、17、27，2016005 期开出 02、03、04、20、21、23、26+22，杀号正确。1 尾杀 01、10，2 尾杀 02、20，3 尾杀 12、21、30、03，4 尾杀 22、13、04，5 尾杀 14、23、05，6 尾杀 24、15、06，7 尾杀 16、07、25，8 尾杀 26、17、08，9 尾杀 18、27、09，0 尾杀 19、28。

二、实用杀号六法

（1）区间杀号。按三分区（或六分区）对号码进行划分，如果可以断定哪个区的号码开出较少，就可以排除此区号码的选择，如此便可大大缩小范围，并且提高中奖概率。

（2）尾数杀号。尾数分为 0、1、2、3、4、5、6、7、8、9 共 10 个类型，在七乐彩尾数中，每个尾数都对应 3 个号码，只要判断下一期短缺的 4~8 个尾数，就可以杀掉 15 个号码。开奖号码很少出现两组同尾形式，还可以有效地杀掉 3

个尾数的号码。

（3）012路杀号。30个号码按照除3余数分析，012路均为10个号码，在开奖过程中，012路的号码不是均衡给出的，在每一期的开奖中，或者某一个阶段的开奖中，这三类号码总是会有冷热的明显区分：在某个余数类型号码热出的时候，可以追；在某个余数类型号码冷藏的时候，可以排除8个号码。

即便从每组余数中挑出6个号码，则每组余数至少可以剩余4个，也就是说，每期至少可以从每组余数中删掉4个号码，一共杀掉12个号码。

（4）五期杀号。根据前五期的奖号走势图预测当期号码。当期开出号码有相当的比例来自前五期。对前五期的出号情况进行分析研究，在定胆杀号方面有很大作用。综合前五期号码，可以得出20~30个号码作为备选号，绝大多数可以杀号，尤其是前五期出过的号码。在前五期出现过的连号，起始号码不可以轻易排除。

（5）质数杀号。七乐彩01~30的号码中，质数包括02、03、05、07、11、13、17、19、23、29，正好占到号码的1/10。每期开出7个号码，则每期开出质数的平均数应该是$10/30 \times 7 = 2.3$个。因此，平均每期开出的号码质数保持在2个左右。

每期可以考虑4个质数号码，把剩余的6个杀掉。如果3期（含以上）在出号均线以下，后期则反弹回2个及以上。相反，则回落1个或0个。

（6）差值杀号。七乐彩的差值：7个开奖号码按照从小到大顺序排列以后，依次相减得出的6个数值，利用这6个数值可以进行杀号（可以包含特别号码）。8个号码利用首尾（左右对称）差值进行杀号。

三、实用杀号公式

（1）个位数同尾号杀号公式。七乐彩的备选范围是01~30共30个号码，如果按照尾数来划分，有0~9共10个尾数，例如0包含10、20、30，直至9尾，包含09、19、29。

据统计，历史开奖号码中出现1组2码同尾的情况占50%及以上，出现1组3个同尾号的情况占5%，出现不同尾的情况占5%左右，所以在选号时，可以依据每期奖号从 4~5 尾数出号的特征，如果尾数选 4 个，那么需要选 $4 \times 3 = 12$ 个号码，同时结合重合码、连号码、斜连号码等进行精选号码，最后进行复式组合投注。

（2）排除重复号。在每期中奖号码中，重复出现的号码非常普遍，一般重复数量为 1~3 个，最多 4 个，所以最好是首先把上期中奖号码的大部分号码排除，仅选 1~3 个。如果上期重复号码比较多，下期少一些；相反，则要多选。

（3）排除相邻挨边号。在历史开奖号码里，一般有 5 个上期号码挨边斜连号，而上期号码全部挨边斜连的号码有 1~9 个，连号出现越多挨边斜连码越少，所以在选号的时候，每期挨边斜连最多保留 2~3 个。上期重号多，下期可以少选一些；相反，就多选几个。

（4）排除冷号。在选号前，可以把已经隔 5 期以上的，尤其是多期未开出的冷号全部排除。

四、实用定胆法及选号技巧

七乐彩奖号在某个时间段往往存在一定走势、一定周期内的不同号码特征，可用于实战选胆。

（一）交叉覆盖组合法

（1）选择最有可能中奖的号码组成 4 注单式彩票（选择 20~28 个号码），因为选择的号码相对偏多，比较容易圈定 5~6 个，甚至 7 个中奖号码。

（2）将每注前 3 个号码编制为前 1、前 2、前 3；将后 4 个号码编制为后 1、后 2、后 3、后 4，按一注的前 1 加另一注的后 2，前 1 加后 3，前 1 加后 4，前 2 加后 1 进行交叉组合，全部交叉换位就可以组合成 12 注单式组合。

（3）将单注号码的 1、3、5、7 位编制为前 1、前 2、前 3、前 4；将 2、4、6 位编制为后 1、后 2、后 3，再全部交叉组合成 12 注新的单式组合。

（4）两次交叉换位再加上首选的 4 注，总计 28 注，可以全部投注，也可以进行必要的筛选。

首先组合的 4 注基础号码中，肯定有重复应用的号码，交叉换位的过程中也可能存在 7 个号码完全相同的重复组合，对此我们应当进行删除。

（二）重复号定胆

七乐彩重复号码出现的数量平均起来每期两个左右，可以从上期开出的 7 个基本号码和 1 个特别号码中挑选。可以说，对短线周期内热号的选择，尤其是针对重复号码的二次定胆，在实战之中具有重要指导意义。

（三）挨边号码定胆

挨边号码指与上期号码加一或减一的号码。在七乐彩开奖号码中，除了重复号码时常现身外，挨边号码同样极易出现。因此，在选号时除了考虑在 8 个号码中开出重复号码外，还可以考虑挨边号码出现的可能性，再结合其他投注方法进行设定。一般挨边号码的个数可以选 1~3 个，在短、中、长周期内可以作为稳定的参数进行选择，达到事半功倍的效果。

（四）缘分号码的取舍

观察历史中奖号码中各个号码之间的"有缘"和"无缘"，是选号"作业"的必修课。比如，这个号与那个号同期中出次数是多是少？或是从未有过？分析这些统计数据，可以对预选的各个号码进行适当取舍，这对提高中奖率大有裨益。这一分析方法中，同期中出次数较多的两个号码为"有缘"号，同期中出次数较少，或从未在同期中出的两个号码为"无缘"号。

（五）标准差变化

标准差是计算中奖号码各个号之间差异的一个非量化指标。可以通过观察七乐彩走势图分析号码的松散程度，松散程度的数值越小，差异程度越小，联系越密切；反之，差异程度较大，震动频率也较大。至于松散与紧密之间的界限，并没有严格确定，也不用刻意划分。

需要强调的是，分析标准差的变化，可以帮助我们把握下期中奖号码之间的标准差在何种范围内。

（六）追踪中位号

通过了解历史中奖号码走势的平均值，发现和追踪行动轨迹，对中位各个号码进行分析，是提高中奖率的一种有效方法。中奖号码的中位的号码，往往代表当期中奖号码的平均水平。不过，平均水平与平均值不尽相同，它抚平了极端值对中奖号码分析的影响。在一般情况下，平均水平比平均值更具有代表性，这也更说明了对中奖号码各个号进行分析的重要性，是投注七乐彩不可或缺的关键环节。

（七）等差号码

最近的开奖号码等差号码比较关键，尤其隔一期的等差号码，等差号码的选号比比皆是，只要我们能够掌握等差号码的规律定1~2个胆码，是绝对没有问题的。

（八）盯特冷号码

认真分析某些号码的开奖特征，是决定中奖的最大因素。最近比较冷的号码开出后，一般过1~3期才开始。因此，冷号开出就可以排除，过1~3期后再考虑是否选择。

（九）任两位和值

经常出现当期的第一个开奖号码和第二个号码相加的和，往往会在下期的8个号码中出现。

（十）隔期定胆

隔期号，在通常情况下指的是仅隔一期的号码，但也可以从隔两期或隔三期的中奖号码中去考虑。

以隔期号定胆，基于以重号定胆同样的道理。也就是说，与其从30个号码中不着边际地定胆，还不如从某一期的8个中奖号码中从容选择。

（十一）七步取号法

第一步：大底围码。运用同期开奖号码定大底。

第二步：定胆尾：①除特别号码外，其余7个开奖号码相加取和，再除以每一个数，取整数尾。②按大小顺序排列，第一位尾数加第二位尾数为胆尾，取得数尾。

第三步：找出尾数对应的号码，删除大底中未出现的号码。

第四步：排除废弃号码。

第五步：走势图观冷码。因为有可能大底中遗漏了长期未出现的号码，所以要再次复查。

第六步：整合备选号码，再次检查。

第七步：复式投注或是进行旋转矩阵组号投注。

例如：2016001期开奖号码：16、18、20、21、22、23、24＋29，预测2016002期。

第一步：大底（选择全部002期的同期历史号码）：

01 02 03 04 05

06 07 08 09 10

11 14 15 16 17

18 19 20 21 23

24 25 26 27 28

29 30

第二步：定胆尾。

（1）16＋18＋20＋21＋22＋23＋24＝144。

（144－16）/16＝8　（144－18）/18＝7　（144－20)/20＝6　（144－21)/21＝5

（144－22）/22＝5　（144－23）/23＝5　（144－24)/24＝5

（2）6＋8＝14，取4尾。

尾数：4、5、6、7、8。

第三步：04、14、24、05、15、25、06、16、26、07、17、27、08、18、28。

第四步:排除废码。利用前面介绍的杀号方法杀号:14、24、16、08、28,杀尾:5尾。

剩余号码:04、06、26、07、17、27、18。

第五步:走势图观冷码09。

第六步:整合备选号码04、06、07、09、17、18、26、27。

第七步:投注方法一八码复式投注。投注方法二旋转矩阵法:矩阵后剩余一注04、06、07、09、17、18、26。2016002期开奖号码:04、06、15、18、23、25、26,中四码,如八码复式投注,则中4注,可保本。

这是定胆尾的实际操作步骤。

每章归纳

本章主要讲了杀号定胆的实战技巧,与灵活掌握密钥。

第十一章　读图法则与彩票法则

一、读图法则

法则一：走势图应通读全览（选号时分析30期的开奖号码为宜）。

法则二：纵看重复号码。

看前一期中奖的正选号和特别号，先排除已连续出现2期以上的重复号，通常情况下，某个号码重复2~3期之后，就不重复了，最多重复的情况一般都不超过5期。再看近几期隔一连三出现的号码，为近期的热门号，重复的机会少，既可以排除也可以保留。这样，余下可选的复号也就不多了，便能做到心中有数。同时，又应当注意本期要选几个复号，当期复号的选择个数不少于2个，也不多于4个。

法则三：斜看跳跃式。

有换边跳跃式，如前期出现27号，本期出现26号，下期就可能出现25号。有隔一间二跳跃式，如前期出现27号，本期出现25号，下期就可能出现23号（即隔一跳跃式）；如前期出现27号，本期出现24号，下期就可能出现21号（即间二跳跃式）。还有区间跳跃式，如前期出现30号，本期出现20号，下期就可能出现10号；前期出现01号，本期出现11号，向下两期将会分别出现21和31的号码。

法则四：横看区间比。

目前，我国发行的电脑福利彩票为29、30、31……37等选7型几种乐透型，采用区间"三分法"可分为前区、中区、后区，有的通过"三分法"之后不能整零，或少或多了1个号码，则应在后区加减1个号码。看好各区的比例，根据走势，预测下期区间比例或偏向态势进行配比。

法则五：不要似懂非懂，这样最耽误事。

如何读懂走势图？

（1）短期走势图。只列出最近5~10期开奖号码的走势图，这种走势图主要用于各个号码和各种属性（指大小、奇偶、重号、连号、斜连号等特性）的短期趋势分析，用于判断各个号码和各种属性当前处于何种状态，是冷还是热，是多还是少。然后再根据各个号码和各种属性当前的状态来选择号码。选号时一般热号要多选（但集中出现6~7次的热号就有可能转冷）；选号要分析号码的长期走势，比如近10期重号很旺，冷号就要少选，冷号几乎每期都有，在选号时要重点考虑。其他属性如大小、奇偶等这里不详述，请朋友们自行观察。

（2）中期走势图。列出近20~50期开奖号码的走势图。这种走势图主要用于分析各个号码和各种属性的走势，即根据各个号码和各种属性前一段时间的状态和当前的状态，推测它们下一阶段可能的状态，然后根据这种判断选择号码。

（3）长期走势图。列出50期以上的开奖号码的走势图，一般收集的期数越多越好，最好从第一期开始，二次开奖号码也列入。长期走势图主要用于各个号码的长期走势分析，这种分析对于判断冷热和号码的相生相克都很有益。

法则六：学会在走势图里找图形。

走势图奖号星罗棋布，如果我们用线条把号码连接起来，就会形成各式各样的几何图形，有些呈现梯形，有三角形、多边形等。我们可以利用图形进行杀号和定胆。

法则七：分区读图法。

双色球走势图分区看法是把双色球33个红球作为一个整数来整除分区的，而33正好被3整除。一区是01~11号，二区是12~22号，三区是23~33号，区间都是11个中奖号码。所以，三区分是网友流传最广的一种看法。由此也就产生了区间代码，每区代码有006、060、600、015、051、105、150、501、510、024、042、204、402、240、420、033、303、330、123、132、231、321、213、312、141、114、411、222共计28种分布类型，这28种分布类型以123、132、

231、213、312、321、114、141、411、222 居多。这 28 种类型出现的最多双色球走势图分区看法技巧：①建立分区代码追踪系统可以很大程度地缩小选号范围，能在某一个区间又定准了胆码；②进行缩小选号，这种优化条件在各类彩票缩水公司有着广泛的应用，说明分区看奖号与数据统计和缩水条件，可以有机地结合在一起；③观察边缘号，边缘号有 01、11、12、22、23、33，一般如果发生空白区，那么边缘号极易出现，这样就可以找到胆码。

法则八：分层读图法。

将 3D 游戏的层面分析移植到双色球游戏的层面分析，是彩票研究的一大进步。有些理论上的东西，一般彩民在短时间之内接受不了。如通过买彩实战彩民逐渐认识到，每期的中奖号码与下一期的中奖号码之间是有联系的。我们的层面分析是从分布图中最近开奖一期从下而上进行分析的，按照大多数的彩民习惯，一般层面分析只分析 10 层。一般每层中都会含有下期中奖号码中的 1~2 个，也可能发生空缺，但是这种空缺一般不会连续出现 3 期。而中奖号码的连续出现一般也不会超过 20 期，如果连续 20 期以上出现中奖号码的话，我们就可以把某一层的 6 个号码全部杀掉，这样就可以把 33 选 6 降为 27 选 6。

法则九：重点落号区域重点防范。

每一期的开奖奖号空位处不会大幅度下号，某一阶段会围着重点落号区域落号，应当注意。

法则十：蓝号区域读图法。

双色球游戏的特点是由两种颜色的号码球组成，经过长期的投注实践，大部分彩民才认识到蓝球的重要性，才改变把双色球当单色球来买的思维模式（指专门研究红球）。

蓝球走势图用于分析并寻找蓝球落点，那么我们希望能够通过观察蓝球走势图找到蓝球大致落点。这里要引入摆动幅度的概念，上下两期大数减小数得到的值就是摆动幅度值，统计摆动幅度的 3 期和以及 10 期和，通过观察摆动幅度的 3 期和以及 10 期和值的变化，一般可以找到蓝球落点范围。

二、彩票法则

第一章　总则

第一条　根据《彩票管理条例》、《彩票管理条例实施细则》、《彩票发行销售管理办法》（财综〔2012〕102号）等有关规定，制定本规则。

第二条　中国福利彩票双色球游戏（以下简称双色球）由中国福利彩票发行管理中心（以下称中福彩中心）发行和组织销售，由各省、自治区、直辖市福利彩票销售机构（以下称各省福彩机构）在所辖区域内销售。

第三条　双色球采用计算机网络系统发行，在各省福彩机构设置的销售网点销售，定期开奖。

第四条　双色球实行自愿购买，凡购买者均被视为同意并遵守本规则。

第五条　不得向未成年人销售彩票或兑付奖金。

第二章　投注

第六条　双色球投注区分为红色球号码区和蓝色球号码区，红色球号码区由1~33共三十三个号码组成，蓝色球号码区由1~16共十六个号码组成。投注时选择6个红色球号码和1个蓝色球号码组成一注进行单式投注，每注金额人民币2元。

第七条　购买者可在各省福彩机构设置的销售网点投注。投注号码经投注机打印出对奖凭证，交购买者保存，此对奖凭证即为双色球彩票。

第八条　购买者可选择机选号码投注、自选号码投注。机选号码投注是指由投注机随机产生投注号码进行投注，自选号码投注是指将购买者选定的号码输入投注机进行投注。

第九条　购买者可选择复式投注。复式投注是指所选号码个数超过单式投注的号码个数，所选号码可组合为每一种单式投注方式的多注彩票的投注。具体规定如下：

（一）红色球号码复式：是指从红色球号码中选择7个号码以上（含7个号

码），从蓝色球号码中选择1个号码，组合为多注单式投注号码的投注。

（二）蓝色球号码复式：是指从红色球号码中选择6个号码，从蓝色球号码中选择2个号码以上（含2个号码），组合为多注单式投注号码的投注。

（三）全复式：是指从红色球号码中选择7个号码以上（含7个号码），从蓝色球号码中选择2个号码以上（含2个号码），组合为多注单式投注号码的投注。

第十条 购买者可对其选定的投注号码进行多倍投注，投注倍数范围为2~99倍。单张彩票的投注金额最高不得超过20000元。

第十一条 双色球按期销售，每周销售三期，期号以开奖日界定，按日历年度编排。

第十二条 若因销售终端故障、通信线路故障和投注站信用额度受限等原因造成投注不成功，应退还购买者投注金额。

第三章 设奖

第十三条 双色球按当期销售额的50%、15%和35%分别计提彩票奖金、彩票发行费和彩票公益金。彩票奖金分为当期奖金和调节基金，其中，49%为当期奖金，1%为调节基金。

第十四条 双色球采取全国统一奖池计奖。

第十五条 双色球奖级设置分为高奖级和低奖级，一等奖和二等奖为高奖级，三至六等奖为低奖级。当期奖金减去当期低奖级奖金为当期高奖级奖金。各奖级和奖金规定如下：

一等奖：当奖池资金低于1亿元时，奖金总额为当期高奖级奖金的75%与奖池中累积的资金之和，单注奖金按注均分，单注最高限额封顶500万元。当奖池资金高于1亿元（含）时，奖金总额包括两部分，一部分为当期高奖级奖金的55%与奖池中累积的资金之和，单注奖金按注均分，单注最高限额封顶500万元；另一部分为当期高奖级奖金的20%，单注奖金按注均分，单注最高限额封顶500万元。

二等奖：奖金总额为当期高奖级奖金的25%，单注奖金按注均分，单注最高限额封顶500万元。

三等奖：单注奖金固定为3000元。

四等奖：单注奖金固定为 200 元。

五等奖：单注奖金固定为 10 元。

六等奖：单注奖金固定为 5 元。

第十六条 双色球设置奖池，奖池资金由未中出的高奖级奖金和超出单注奖金封顶限额部分的奖金组成，奖池资金用于支付一等奖奖金。

第十七条 调节基金包括按销售总额的 1% 提取部分、逾期未退票的票款、浮动奖奖金按元取整后的余额。调节基金用于支付不可预见的奖金支出风险，以及设立特别奖。动用调节基金设立特别奖，应报财政部审核批准。

第十八条 当一等奖的单注奖金低于二等奖的单注奖金时，将一等奖和二等奖的奖金总额相加，由一等奖和二等奖的中奖者按注均分；当二等奖的单注奖金低于三等奖单注奖金的两倍时，由调节基金将二等奖的单注奖金补足为三等奖单注奖金的两倍。

第十九条 双色球的当期奖金和奖池资金不足以兑付当期中奖奖金时，由调节基金补足，调节基金不足时，用彩票兑奖周转金垫支。在出现彩票兑奖周转金垫支的情况下，当调节基金有资金滚入时优先偿还垫支的彩票兑奖周转金。

第四章 开奖

第二十条 双色球由中福彩中心统一开奖，每周二、四、日开奖。

第二十一条 双色球每期开奖时，在公证人员封存销售数据资料之后，并在其监督下通过摇奖器确定开奖号码。摇奖时先摇出 6 个红色球号码，再摇出 1 个蓝色球号码。

第二十二条 每期开奖后，中福彩中心和各省福彩机构应向社会公布开奖号码、当期销售总额、各奖级中奖情况及奖池资金余额等信息，并将开奖结果通知销售网点。

第五章 中奖

第二十三条 双色球根据购买者所选单式投注号码（复式投注按其包含的每一注单式投注计）与当期开奖号码的相符情况，确定相应的中奖资格。具体规定如下：

一等奖：投注号码与当期开奖号码全部相同（顺序不限，下同），即中奖；

二等奖：投注号码与当期开奖号码中的 6 个红色球号码相同，即中奖；

三等奖：投注号码与当期开奖号码中的任意 5 个红色球号码和 1 个蓝色球号码相同，即中奖；

四等奖：投注号码与当期开奖号码中的任意 5 个红色球号码相同，或与任意 4 个红色球号码和 1 个蓝色球号码相同，即中奖；

五等奖：投注号码与当期开奖号码中的任意 4 个红色球号码相同，或与任意 3 个红色球号码和 1 个蓝色球号码相同，即中奖；

六等奖：投注号码与当期开奖号码中的 1 个蓝色球号码相同，即中奖。

第二十四条　高奖级中奖者按各奖级的中奖注数均分该奖级奖金，并以元为单位取整计算；低奖级中奖者按各奖级的单注固定奖金获得相应奖金。

第二十五条　当期每注投注号码只有一次中奖机会，不能兼中兼得，特别设奖除外。

第六章　兑奖

第二十六条　双色球兑奖当期有效。中奖者应当自开奖之日起 60 个自然日内，持中奖彩票到指定的地点兑奖。逾期未兑奖视为弃奖，弃奖奖金纳入彩票公益金。

第二十七条　中奖彩票为中奖唯一凭证，中奖彩票因玷污、损坏等原因不能正确识别的，不能兑奖。

第二十八条　兑奖机构可以查验中奖者的中奖彩票及有效身份证件，中奖者兑奖时应予配合。

第七章　附则

第二十九条　本规则自批准之日起执行。

每章归纳

本章主要讲了彩票读图法则和彩票法则纲要。

第十二章　彩票中的境界

一、意境浅谈

许多人体会到彩票的无限魅力，更有一些人因为中巨奖而人生更加灿烂。彩票在培养良好心态、丰富业余生活和活跃大脑思维等方面把人们引入更深层的境界。

境界一

有理有据。在每一个福利彩票投注站，人们都会把选号作为突出话题，相互交流彩经，仔细观看图表，认真研究号码。为了确定自己的"胆"码，有人甚至连续多时苦苦思索；为了使自己的复式更厚实，有人要画出多种曲线；为了使自己的单注更准确，有人要做出多种组合。细心推敲、反复琢磨，让自己离500万元近些，让自己的梦想早日实现。有的彩民说："我选出的每一个号码都有一定的说法，有重复码、边缘码、连码、重点区间冷码等，可能顾及太多一时不能中奖，但我相信通过研究彩票能培养良好的思维习惯，这样玩起彩票才更有意思。"

境界二

自娱自乐。社会节奏越来越快，从某种角度说无形沉重负担压迫得人们喘不过气来，人们都希望通过有意义的业余生活减轻来自工作和生活的压力。一些时尚的业余活动，或限于条件，或拘于金钱，人们不敢涉足。比如攀岩运动，那种与冷酷山石较量、危险做伴的野外活动，使绝大多数人退却；比如航模，需要大笔的金钱投入，一般人承受不起。而彩票不同，哪怕你每周只使用4元钱，就能参与两期游戏活动,而快乐和希望将伴随你7天。4元钱买来7天的快乐和美好的希望,从愉悦心情方面来说,性价比可谓很高了。

境界三

实心实意。以双色球为例,每期8000多万元的销售量,能为社会提供福利基金数千万元,所以社会弱势群体的救助有了更加切实的保障。彩民对这种公益事业没有理由怀疑。衷心热爱福利彩票,真情参与彩票游戏,奉献自己的爱心,让自己的心情时时感受爱潮涌动,从而给自己一片温暖色彩,体味阳光味道。现在许多人把拥护福利彩票事业作为时尚生活的一部分,并以"彩"为媒逐渐树立起了文明生活的理念。

意境所在

彩票是生活之中的娱乐添加剂,每一种类型的彩票,其实都是有着相同的意境。

喜欢玩彩的朋友,不在少数。

生活百态尽在其中,谁又能说生活是什么呢?小小的几位数字,涵盖的却是包罗万象、形形色色的社会。每一次的购彩都是对生活热爱的体现,对社会大爱的关注,彩票的境界意在其中。

二、意境突围

突破每个人每颗心的意境,让真善美常驻人间。

其实每个社会人内心深处都有一方空地,等着被开采和挖掘。彩票作为一种媒介,让大家互动并互爱,也通过彩票界结识朋友,让内心深处的那一方空地成为更精彩、更坚实的情怀。

每章归纳

本章以彩票给朋友们所带来的色彩以及福利说开去。

附 录

一、双色球奖项设置

表1 双色球奖项设置

奖级	中奖条件		奖金分配	兑奖
	红色号码	蓝色号码		
一等奖	●●●●●●	●	当期高等奖奖金的70%和奖池累积的奖金之和	选6+1 中6+1
二等奖	●●●●●●		当期高等奖奖金的30%	选6+1 中6+0
三等奖	●●●●●	●	单注奖金额固定为3000元	选6+1 中5+1
四等奖	●●●●●		单注奖金额固定为200元	选6+1 中5+0 或中4+1
	●●●●	●		
五等奖	●●●●		单注奖金额固定为10元	选6+1 中4+0 或中3+1
	●●●	●		
六等奖	●●	●	单注奖金额固定为5元	选6+1 中2+1 或中1+1 或中0+1
	●	●		
		●		

二、七乐彩奖项设置

表2 七乐彩奖项设置

奖级	中奖条件	奖金分配
一等奖	猜中7个基本号码	当期高等奖奖金的70%
二等奖	猜中6个基本号码+特别号码	当期高等奖奖金的10%
三等奖	猜中6个基本号码	当期高等奖奖金的20%
四等奖	猜中5个基本号码+特别号码	固定奖金200元
五等奖	猜中5个基本号码	固定奖金50元
六等奖	猜中4个基本号码+特别号码	固定奖金10元
七等奖	猜中4个基本号码	固定奖金5元

三、双色球红球复式投注中奖概率表（以下投注方式，蓝球都为单选）

表3 中奖概率

红球复式投注号码个数	投资金额（元）	命中六个红球的概率（1/N）	命中五个红球的概率（1/N）	命中四个红球的概率（1/N）
6	2	1107568	6837	210
7	14	158224	2029	97
8	56	39556	791	53
9	168	13185	366	32
10	420	5274	191	21
11	924	2397	109	15
12	1848	1199	67	11
13	3432	645	43	8
14	6006	369	29	6
15	10010	221	20	5
16	16016	138	15	4
17	24752	89	11	4
18	37128	60	9	3
19	54264	41	7	3
20	77520	29	6	3

参考文献

[1] 刘大军. 双色球蓝球中奖绝技 [M]. 北京：经济管理出版社，2011.

[2] 王聪男. 双色球技巧 [M]. 南京：江苏科学技术出版社，2013.

[3] 吴中宝. 买彩票就这几招 [M]. 北京：中国经济出版社，2009.

[4] 诸葛小亮等. 双色球选号聪明组合手册 [M]. 北京：中国商业出版社，2010.

[5] 蓝天. 彩票快速预测实战 [M]. 广州：广东经济出版社，2015.

后 记

在购彩过程中要有"自救"意识。"自救"其实就是有节制,比如说某个阶段内,总在购彩却连连失败,原因在于周期定律,某一周期内会转变出号规律。在这一周期内最好的办法是预防性的购彩。也就是说,用固有的选号方法,尽可能少地购买彩票,待到偏离这一周期以后,方可依照自己的经济情况购彩。

到此为止,本书已是尾声了。机会是创造而不是等待来的,需要把握时机,博得先机。

本书部分内容摘自互联网,在此表示感谢!

《决战500万——彩票中奖密钥》突出的是步骤,所涉及内容全都是真材实料,包括开奖记录实录、杀号定胆,实用性很强。本书所诠释的方法、技巧、实例精准验证,相信会让彩迷朋友们大开眼界。由于数据涉及广泛,错误之处在所难免,请广大读者批评指正。

图书在版编目（CIP）数据

决战500万：彩票中奖密钥/彩乐乐编著. —北京：经济管理出版社，2016.5
ISBN 978-7-5096-4291-7

Ⅰ.①决… Ⅱ.①彩… Ⅲ.①彩票—基本知识—中国 Ⅳ.①F832.5

中国版本图书馆CIP数据核字（2016）第051895号

组稿编辑：杨国强
责任编辑：杨国强　张瑞军
责任印制：司东翔
责任校对：超　凡

出版发行：经济管理出版社
　　　　　（北京市海淀区北蜂窝8号中雅大厦A座11层　100038）
网　　址：www.E-mp.com.cn
电　　话：（010）51915602
印　　刷：三河市延风印装有限公司
经　　销：新华书店
开　　本：720mm×1000mm/16
印　　张：16.5
字　　数：268千字
版　　次：2016年5月第1版　2016年5月第1次印刷
书　　号：ISBN 978-7-5096-4291-7
定　　价：39.80元

·版权所有　翻印必究·
凡购本社图书，如有印装错误，由本社读者服务部负责调换。
联系地址：北京阜外月坛北小街2号
电话：（010）68022974　　邮编：100836